TAROT DE MARSEILLE

LUMIÈRES DU SACRÉ

Christiane Albert-Laborde a rédigé les textes de ce livre ;
Christine Lalong, la rubrique « L'arcane et nous ».

I
LE·BATELEUR

II
LA·PAPESSE

III
L'IMPERATRICE

IIII
L'EMPEREUR

V
LE·PAPE

VI
L'AMOUREUX

VII
LE·CHARIOT

VIII
LA·JUSTICE

VIIII
L'HERMITE

X
LA·ROUE·DE·FORTUNE

XI
LA·FORCE

XII
LE·PENDU

XIII

XIIII
TEMPERANCE

XV
LE·DIABLE

XVI
LA·MAISON·DIEU

XVII
L'ETOILE

XVIII
LA·LUNE

XVIIII
LE·SOLEIL

XX
LE·JUGEMENT

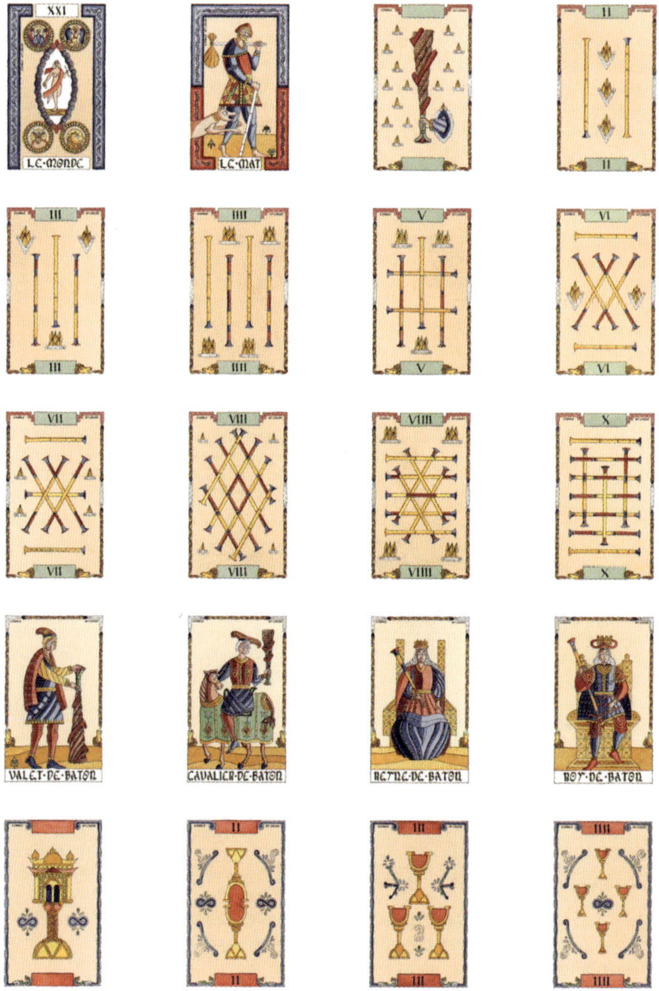
XXI
LE·MONDE
LE·MAT
II
III
IIII
V
VI
VII
VIII
VIIII
X
VALET·DE·BATON
CAVALIER·DE·BATON
REYNE·DE·BATON
ROY·DE·BATON
II
III
IIII

Une marque du groupe éditorial PIKTOS GROUPE ÉDITORIAL

355, rue de la Montagne Noire – 31750 Escalquens

Ce livre ne peut être vendu séparément du coffret
ISBN du coffret : 978-2-84197-900-4

contact@piktos.fr
www.editions-trajectoire.fr
@editionstrajectoire_officiel
Éditions Trajectoire

Christiane Albert-Laborde
Contribution Christine Lalong
Direction artistique Gaël Darras
Colorisation Maryvonne Cavero

Tarot de Marseille

Lumières du Sacré

Éditions TrajectoirE

I
G.DARRAS Mtr.CAVENG
LE·BATELEUR

SOMMAIRE

II
G.DARRAS MY.CAVERO
LA · PAPESSE

PRÉFACE

En Italie, dans ma tendre jeunesse, les femmes de mon village se réunissaient pour tirer les cartes afin de connaître l'avenir de leur famille et le sort que la vie leur réserverait. Dans le vieux salon, mon cœur d'enfant goûtait avec délice ces après-midi, et mon imaginaire, porté par les prédictions venues d'un ailleurs énigmatique, voguait vers des îles mystérieuses et sacrées. Les cartes ne sortaient pas par le fruit du hasard. Elles véhiculaient un message du présent, du passé et de l'avenir, communication hors du temps linéaire, qui s'inscrivait dans un non-temps et trouvait son point d'ancrage au centre de l'éternité.

Dans la Genèse, Dieu prononce ces paroles : « Que la lumière soit ! » Et la lumière fut. Les cartes sont parole de Lumière. Elles sont un livre d'or, un langage des anges pour celui ou celle qui, plongé·e dans la méditation de l'image, sait en écouter les secrets.

Pour un artiste, créer un tarot de Marseille selon les arcanes ancestraux impose une plongée dans les profondeurs de la mémoire de l'humanité. L'imagier Gaël Darras a conçu ses différents tableaux en s'inspirant du style wisigothique-mozarabe, dont les sources remontent en Irlande, en Italie et en Afrique du Nord. Ces formes archaïques se retrouvent aussi dans l'Égypte copte, en Iran, et même en Inde. Par leur facture, les cartes nous font voyager dans différentes civilisations pour nous livrer des trésors ancestraux de sagesse.

Comme tout art traditionnel, les cartes sont bâties sur la science architecturale des édifices sacrés. Ainsi, chaque image devient un centre spirituel qui vibre avec les forces cosmiques, comme une cathédrale.

Les encadrements qui cernent l'image sont une porte ouverte vers l'infini. Les personnages aux yeux en forme d'amande sont grands ouverts afin de recevoir les vibrations de la lumière originelle.

La Femme, l'Homme, le Fou, l'Hermite... toutes les représentations humaines échappent à l'esthétique académique. Elles sont au-delà de la simple humanité pour rejoindre les proportions ancestrales qui leur donneront leur dimension spirituelle. Cette dématérialisation de l'image et du monde nous projette dans une réalité transcendante.

En tirant les cartes, votre main tracera un chemin de Lumière. Si vos yeux s'ouvrent, les formes, les couleurs, les signes, vous parleront sur les plans émotionnel, psychologique, symbolique, métaphysique, vous reliant ainsi au principe de toute chose.

Ainsi affranchi·e du temps et de l'espace profane, vous naviguerez sur les flots des cycles cosmiques afin de reconnaître l'étoile de la destinée qui guide votre vie.

Jean-Luc Leguay
Maître enlumineur régulier

III
L'IMPERATRICE

Seules continuent à être d'une importance vitale pour l'homme les Écritures, les religions, les philosophies qui peuvent être constamment renouvelées, revécues, et dont la substance de vérité permanente peut être sans cesse remoulée et développée dans la pensée intérieure et l'expérience spirituelle d'une humanité en voie de développement. Le reste subsiste comme monument du passé, mais sans aucune force réelle, sans impulsion pour l'avenir.

Shri Aurobindo, *La Bhagavad-Gîtâ*, Albin Michel, Coll. Spiritualités vivantes, 1970.

INTRODUCTION

Parmi les nombreux oracles qui existent aujourd'hui, pourquoi choisir le tarot de Marseille ? Que peut nous apporter ce jeu de cartes vieux de plusieurs siècles, conçu dans un contexte historique et culturel complètement différent de celui dans lequel nous vivons ? Comment appréhender des symboles datant de l'époque médiévale, dont l'interprétation est soumise aux transformations du temps ? Comment être certain·e·s de comprendre les contenus ou associations dans le sens qu'ils avaient autrefois ? Mais, ces questions importent-elles ? Car, finalement, ce qui compte, face aux savoirs et aux enseignements transmis par les traditions anciennes, n'est-ce pas de les expérimenter par soi-même pour en éprouver la vitalité et découvrir s'ils sont encore agissants et nous aident à vivre ?

Les soixante-dix-huit cartes qui constituent le tarot, aussi nommées « lames » ou « arcanes » (que le Larousse définit comme ce qui est secret, caché et d'origine ésotérique), proposent une voie de transformation intérieure conduisant à une meilleure connaissance de soi. Elles permettent de prendre conscience de nos peurs, de nos croyances limitantes et des injonctions familiales et sociales qui pèsent sur chaque individu. Cette confrontation aide à vivre pleinement son humanité.

Mais cette démarche n'exclut pas une dimension spirituelle répondant à un appel à la transcendance, « selon le degré de sensibilité de l'être à sa vie intérieure », ainsi que l'écrit Luc Bigé (*La Voie du Héros : Les Douze Travaux d'Hercule*, Éd. de Janus, 2012). Le tarot permet de considérer les épreuves, les souffrances et les échecs de la vie, sans les subir comme un châtiment ou une injustice. Il en fait un chemin d'évolution et de transformation intérieure. Il offre à celles et ceux qui en ressentent l'aspiration une possibilité de revivifier une spiritualité étouffée par le matérialisme de notre société, même si au départ, on n'a pas d'idée précise de ce que l'on cherche. Le tarot véhicule un message universel qui questionne l'être et le monde.

Le terme *spiritualité* doit s'entendre comme une aspiration de l'être qui cherche à trouver un sens à sa vie, en dehors de toute religion, pour trouver en lui unité, paix et amour.

Le fait qu'il s'agisse d'un jeu de cartes présente l'avantage de proposer un chemin dont le tracé n'est pas déterminé à l'avance, puisque chaque tirage en renouvelle la configuration. Cette structure ouverte, en évolution constante, laisse le champ libre à une infinité d'interprétations possibles. Elle permet d'expérimenter le tarot au quotidien, dans les situations concrètes de la vie de tous les jours, dans les circonstances où on a besoin d'aide ou de conseils. C'est un allié précieux qui joue le rôle d'un compagnon de vie et d'un ami. Il sert de miroir à nos intuitions. Il nous permet d'avoir accès à des niveaux de conscience que notre seule perception rationnelle du monde ne nous permet pas d'atteindre.

Enfin, le tarot permet de pénétrer dans l'univers poétique et sacré des mythes, des légendes et des symboles vieux de plusieurs siècles. C'est à la fois un outil très accessible et un guide qui permet de réenchanter sa vie, d'en devenir le héros ou l'héroïne principal·e. C'est une voie ouverte à celles et ceux qui sont en quête d'eux-mêmes et d'une sagesse leur permettant de se connecter à leur part la plus vivante, tout en étant reliés aux autres.

Un peu d'histoire...

L'origine encore inconnue du tarot de Marseille contribue à créer autour de lui une aura de mystère et de fascination. Elle autorise toutes les spéculations...

Ce qui est historiquement attesté, c'est que les premiers tarots apparaissent à la fin du Moyen Âge, dans la période historique qui correspond aux prémices de la Renaissance, d'abord en Italie, sous la forme d'un jeu de société dont on peut penser qu'il servait aussi à la divination. Ces jeux, richement enluminés, étaient réservés à l'aristocratie. Grâce aux progrès de la gravure et de l'imprimerie, ils se popularisent ensuite et se répandent dans toute l'Europe.

Le tarot de Marseille n'a de marseillais que le nom. Son graphisme date de la Renaissance. Il est ensuite édité à Paris en 1650 par Jean Noblet, puis à Lyon et à Marseille, en 1760, par Nicolas Conver. Il existe plusieurs variantes du tarot de Marseille. Parmi les plus connues, on peut citer *Le Tarot des imagiers du Moyen Âge* d'Oswald Wirth (dessiné au XIXe siècle), celui de Rider/Waite (publié en 1910 et très répandu dans le monde anglo-saxon), ou encore celui de Paul Marteau (proposé en France en 1930 par les éditions Grimaud).

Au XVIIIe siècle apparaît un nouveau jeu de cartes appelé « tarot nouveau » ou « tarot français », qu'il ne faut pas confondre avec le tarot de Marseille. Bien qu'ils descendent tous les deux de la même souche italienne et soient désignés par le même terme générique, la finalité de ce nouveau jeu de cartes est exclusivement ludique. Elle diffère radicalement du tarot de Marseille qui est un oracle à usage divinatoire, mais surtout un outil de connaissance de soi et d'évolution personnelle.

Il existe deux sortes de divination. La première est une parole oraculaire inspirée qui se manifeste à travers le rêve, la prophétie, la voyance et toutes les formes de prescience ou précognition intuitive. La seconde recourt à des systèmes plus complexes, élaborés par l'homme, qu'il s'agit de déchiffrer pour avoir accès au monde subtil de l'invisible. Le tarot de

Marseille en fait partie, tout comme l'astrologie, la numérologie, les runes, le Yi King…

Le tarot de Marseille s'inscrit dans une tradition ésotérique très ancienne née de la rencontre, dans les premiers siècles de la chrétienté, entre l'héritage philosophique de l'antiquité gréco-latine, les traditions ésotériques hébraïques de la Kabbale et celles de l'alchimie et des différentes gnoses.

Tout en puisant dans un fonds commun universel, le tarot véhicule des symboles, des archétypes et des mythes propres à l'Occident. Cette tradition s'est moins bien conservée que d'autres, du fait de la lutte acharnée que lui a menée l'Église pendant des siècles. Sa mémoire s'est cependant perpétrée à travers les mythes et les légendes. Elle s'est aussi transmise, gravée dans la pierre, grâce aux symboles ésotériques qui ornent les façades des cathédrales médiévales. Elle perdure, sous l'apparence anodine et largement sous-estimée d'un jeu de cartes qui a traversé les siècles : le tarot de Marseille. Tout laisse à penser que les maîtres cartiers italiens qui l'ont dessiné ont choisi le même procédé que les bâtisseurs de cathédrales qui utilisaient des symboles exposés à la vue de tous, mais accessibles aux seul·e·s initié·e·s comme moyen de transmission de leurs connaissances. Ils parvenaient ainsi à échapper aux tribunaux ecclésiastiques et à l'Inquisition, qui guettaient quiconque s'opposait à l'hégémonie du pouvoir royal ou ecclésiastique.

Grâce aux enseignements qu'il transmet, le tarot de Marseille est toujours vivant. Sa vitalité est attestée par le fait qu'il reste une source d'inspiration pour de nombreux écrivains et artistes. Il est particulièrement adapté à notre époque par la force de ses images, qu'on peut rapprocher des émojis (ou émoticônes) d'aujourd'hui. À la fois images et pictogrammes, ils ponctuent nos messages en sollicitant une émotion immédiatement déchiffrable, grâce à un graphisme simple et expressif. Le tarot va cependant au-delà de l'émotion immédiate, car les images qui le constituent sont riches de savoirs anciens et de symboles susceptibles de transmettre du sens.

Parmi les écrivains inspirés par le tarot de Marseille, on peut citer Gérard de Nerval, André Breton, Antonin Artaud, Italo Calvino, James Joyce, Timothy Leary, mais aussi de nombreux artistes comme Salvador Dali, Wilfredo Lam et André Masson ou Niki de Saint Phalle, pour n'en citer que quelques-un·e·s.

Le tarot ne s'inscrit pas dans une tradition comparable à celles que l'on rencontre dans les institutions religieuses ou les sociétés secrètes. Il ne se fonde sur aucune doctrine ni liturgie. Il ne prône aucun dogme. C'est une voie d'évolution intérieure qu'on pourrait qualifier aujourd'hui de « laïque ». Elle invite à s'engager dans un chemin de maîtrise, loin des sentiers balisés, de manière autonome et solitaire, sans chercher de reconnaissance ou de validation extérieure.

L'univers symbolique du tarot

Le tarot est constitué de deux séries de cartes désignées sous le nom de « majeurs » et de « mineurs ». Les arcanes majeurs sont au nombre de vingt-deux. Ils mettent en scène des figures archétypales, des symboles, des allégories, des planètes, ainsi que des personnages familiers de la société médiévale. Les arcanes mineurs sont au nombre de cinquante-six, répartis en quatre séries de quatorze cartes formant chacune une couleur : les Bâtons, les Coupes, les Épées et les Deniers. Majeurs et mineurs participent d'univers symboliques différents, mais complémentaires.

Les quatre couleurs du tarot correspondent aux quatre enseignes des jeux de cartes français : le Bâton pour le trèfle, la Coupe pour le cœur, l'Épée pour le pique et les Deniers pour le carreau.

Le système symbolique des majeurs est – relativement – plus accessible que celui des mineurs, car il est basé sur des images. Tout le monde peut intuitivement reconnaître la mort dans l'allégorie de la Faucheuse de l'arcane XIII, le changement dans La Roue de Fortune (X), ou interpréter L'Empereur (IIII) comme une représentation archétypale du pouvoir et de l'autorité. Les mineurs, quant à eux, se réfèrent à la symbolique des quatre éléments et des nombres. Ils nécessitent des connaissances préalables permettant d'en percevoir la signification.

Habituellement, lorsqu'on s'initie au tarot de Marseille, on commence par s'intéresser aux vingt-deux majeurs. Cette période où on délaisse les arcanes mineurs au profit des majeurs est utile. Elle permet de pénétrer l'univers du tarot en se familiarisant avec son langage, ses symboles et ses archétypes. Elle aide à comprendre que la vérité cachée derrière l'apparence anodine d'un jeu de cartes est celle d'une quête nécessitant un engagement profond. Chacun avance en solitaire, à son rythme et selon ses aspirations.

Il serait cependant regrettable de se priver de la richesse des arcanes mineurs. Ils apportent des informations complémentaires aux majeurs. Ils permettent souvent d'en préciser l'interprétation.

Les différents niveaux de lecture

Il existe plusieurs niveaux de lecture du tarot. Le premier permet de le lire comme une sorte de code de bonne conduite invitant à respecter les principes et les valeurs morales permettant d'acquérir compréhension et expérience de la vie, de maîtriser ses désirs tout en vivant en harmonie avec les autres. Cette éthique de vie a été prônée, dès l'Antiquité, par de nombreux philosophes et moralistes. Elle reste, plus que jamais, d'actualité. Elle allie droiture, aisance, intégration sociale et connaissance de soi.

Ce niveau de lecture n'est cependant pas le seul possible. Depuis le *Connais-toi toi-même et tu connaîtras l'univers et les dieux* gravé sur le fronton du temple de Delphes de la Grèce antique, l'injonction à l'introspection fonde toute la pensée philosophique occidentale. Elle fait de la connaissance de soi le préalable à toute connaissance du monde et du divin. Du fait de ses origines, le tarot participe de cette tradition.

Cependant, depuis le début du xxe siècle, la découverte de l'inconscient a révélé qu'un certain nombre de phénomènes parapsychiques échappaient à la conscience. Cette découverte a ouvert la voie à de nouvelles manières de parvenir à la connaissance de soi, grâce à des thérapies ayant pour but de ramener à la conscience les parts de soi refoulées qui influencent néanmoins nos comportements, nos pensées, nos jugements, nos émotions, et qui peuvent être source de souffrances ou de conflits intérieurs. Ces thérapies vont de la psychanalyse aux thérapies alternatives connues sous le nom de « développement personnel ». Elles ont en commun de privilégier des méthodes d'investigation recourant à d'autres approches que la pensée rationnelle, déductive et logique. Elles prennent en compte les émotions, l'intuition, les ressentis, les rêves et d'autres formes de pensée comme la pensée analogique ou symbolique. Ces modes d'appréhension du réel existaient bien avant la découverte de l'inconscient. Ils sont à l'œuvre dans le tarot qui recourt aux symboles et archétypes pour établir un pont entre le conscient et l'inconscient.

Le mot « symbole » vient du grec *sumballein* qui signifie « joindre, réunir, assembler ». À l'origine, il désignait un tesson de poterie cassé en deux qui servait de signe de reconnaissance lorsque les deux parties réunies s'emboîtaient parfaitement.

Dans son sens courant, le symbole désigne une image ou un objet qui représente autre chose que ce qu'il est, en vertu d'une relation non pas rationnelle, mais analogique. On parle de « relation analogique », car la relation qui s'établit entre les éléments réunis ne résulte pas d'une déduction logique. Elle opère par ressemblance, association ou convention. Les symboles et archétypes possèdent une dimension thérapeutique dont l'efficacité a été attestée dans plusieurs domaines tels que la psychanalyse (S. Freud), mais aussi l'anthropologie (Levi

Strauss a observé les guérisons opérées par des guérisseurs·ses et chamanes).

Dans un tirage, les symboles ou archétypes représentés par les différents arcanes du tarot mettent en relation le consultant avec des aspects de lui dont il n'a pas forcément conscience (vécu, émotions, souvenirs, ressentis), qu'il projette sur l'arcane tiré. D'un seul coup, celui-ci se charge d'émotions et de sens. Le tarot joue alors le rôle de révélateur des tensions ou conflits qui existent chez le consultant. Aussi est-il un outil privilégié de connaissance et de dévoilement de soi. Ce qui ne signifie pas qu'une consultation puisse remplacer un travail thérapeutique lorsqu'il est nécessaire. Mais le tarot constitue une ressource privilégiée pour toute personne qui souhaite mettre en œuvre l'antique injonction de se connaître. Il peut aussi être un outil de travail dans un processus thérapeutique.

Enfin, le tarot décrit un chemin d'évolution vers une réalisation spirituelle. Ce terme de spiritualité doit s'entendre, en dehors de toute religion, comme une aspiration de l'être à dépasser une vision matérialiste du monde pour se relier à plus grand que soi (Dieu, l'univers, le vivant, le Soi…). Cette reliance lui permet de donner sens à son existence. Elle consiste à unifier et à pacifier tous les aspects de sa psyché, dans une forme de complétude qui se confond avec le divin.

Cependant, bien qu'il existe dans le tarot une ouverture vers le sacré et le transcendantal, il est aussi possible de le consulter, avec le plus grand profit, sans nécessairement y souscrire. Le tarot est, par excellence, une voie d'évolution intérieure reposant sur le libre arbitre. Il laisse à chacun la liberté de s'engager plus avant – ou non – dans une quête orientée vers la spiritualité. Il est particulièrement adapté à notre époque individualiste qui remet en question les discours et les injonctions venant de pouvoirs institutionnels et de systèmes dogmatiques établis – quels qu'ils soient – pour privilégier les démarches personnelles et autonomes.

Comment utiliser le tarot

Le tarot est un livre d'images qui contient potentiellement toutes les histoires du monde. Chaque tirage en renouvelle la configuration, et les combinaisons possibles sont en nombre illimité. Le tarot peut rendre compte de toutes les situations de la vie et répondre à toutes les questions posées. Il faut toutefois se souvenir que c'est avant tout un jeu de cartes, et ne pas lui donner notre pouvoir – particulièrement celui de décider de notre vie.

Comme tous les oracles, le tarot possède un aspect divinatoire. La divination est un besoin légitime et très ancien, sans doute aussi ancien que l'humanité. En ce domaine, l'homme a toujours fait preuve d'une grande inventivité en cherchant des signes de l'avenir dans toutes sortes de supports : vols d'oiseaux, entrailles d'animaux, marc de café... Alors, pourquoi ne pas le faire dans un jeu de cartes dont le graphisme se prête aisément à une lecture prédictive ? D'autant que le tarot répond – parfois de manière très explicite – à une question posée.

Il serait cependant réducteur de le considérer exclusivement dans une perspective divinatoire. Lorsque ces perceptions intuitives et visionnaires se manifestent au cours d'un tirage, la meilleure attitude consiste à les accueillir comme un futur possible – mais non certain – et d'aller au-delà de cet aspect prédictif pour entendre le message que la carte cherche à délivrer. Le tarot est un outil qui permet d'acquérir une meilleure compréhension de notre vécu. Il nous aide à exercer notre libre arbitre. Il n'y a pas de place pour le déterminisme ou la fatalité dans le chemin de vie qu'il invite à emprunter.

Les symboles et archétypes qui le constituent participent d'un fonds commun de mythes, de légendes, de perceptions intuitives et de visions que l'on retrouve, sous des formes plus ou moins identiques, dans toutes les cultures du monde. Carl Gustav Jung considérait qu'ils faisaient partie de l'inconscient collectif de l'humanité, distinct de l'inconscient individuel de chacun·e. Ils donnent accès à des vérités qu'on ne peut pas percevoir avec nos sens habituels. En pénétrant la conscience de celui ou celle qui les observe, ils augmentent la faculté de compréhension intuitive de ce que l'on vit. Ils provoquent un élargissement de conscience propice à un changement d'attitude.

La consultation du tarot n'est donc pas un acte « neutre ». Il échappe à la logique factuelle et rationnelle du quotidien et sollicite l'intuition, le ressenti, l'imagination et le rêve qui permettent d'en percevoir la dimension sacrée et poétique. Cette démarche nécessite de la part de celui ou celle qui s'y aventure une attitude à la fois respectueuse et humble.

Mettre en place un rituel peut contribuer à transformer l'instant du tirage en un moment à part du reste de son quotidien. Il appartiendra à chacun·e de le créer en fonction de sa sensibilité. Pour certain·e·s, cela pourra être allumer une bougie ou brûler de la sauge, de l'encens ou d'autres herbes sacrées.

Pour d'autres, il s'agira de commencer un tirage par une invocation, une prière ou une méditation. Ce qui importe, c'est de créer un espace de calme et de tranquillité en soi et autour de soi pour permettre à son mental de se mettre en retrait afin de parvenir à un état d'intériorité et de réceptivité. L'instant du tirage est un moment intime (y compris lorsqu'on tire le tarot pour quelqu'un d'autre) où on se connecte à l'autre versant du réel, celui du subtil, du mystère et du sacré.

Le choix d'un jeu de cartes dépend aussi de chacun·e, à condition de s'assurer auparavant qu'il s'agit d'un tarot qui respecte le symbolisme et la structure du tarot de Marseille (ce qui est le cas du jeu de cartes de ce coffret). Le choix dépend ensuite de la subjectivité et des goûts esthétiques de chacun·e.

Avant chaque tirage, le fait de prendre un instant le jeu complet dans ses mains permet de lui insuffler son énergie, tout en émettant (silencieusement ou non) une intention clairement formulée de ce qu'on attend du tirage. Cela peut être une question précise concernant une situation ou une relation, mais cela peut aussi être une question ouverte. On demande alors au tarot de nous apporter les éléments de compréhension dont on peut avoir besoin, de façon à progresser dans notre chemin de vie.

Habituellement, on commence par brasser les cartes directement sur la table ou en les mélangeant à la main – selon sa préférence. On les pose ensuite devant soi et on les coupe de la main gauche. Personnellement, je regarde toujours la coupe que je considère comme une première indication qui contribue à donner une tonalité au jeu. On étale ensuite les cartes devant soi avant de les choisir, une par une, sans les retourner.

On dévoile ensuite le jeu, en une seule fois, de façon à en avoir une vue d'ensemble, avant d'en analyser les composants.

La tradition veut qu'on utilise la main gauche, celle du cœur et de l'intuition, pour choisir une carte. Au cours d'un tirage, il peut arriver qu'une seconde carte reste collée à la première ou qu'une autre se retourne et tombe. Dans ce cas, on peut prendre en compte la carte et l'accueillir, car un arcane ne s'invite jamais *par hasard* dans un tirage, mais parce qu'il a un message à transmettre.

Le choix d'un arcane plutôt qu'un autre est toujours l'effet d'une synchronicité que C. G. Jung décrit comme une coïncidence sans lien de causalité apparente (*Synchronicité et Paracelsica*, Albin Michel, 1988).

L'exemple donné par C. G. Jung pour illustrer le concept de synchronicité est ce qu'il appelle « le rêve du scarabée d'or ». Pendant une séance, alors qu'une de ses patientes lui racontait un rêve où elle recevait en cadeau un scarabée doré, un hanneton (de l'espèce *Cetonia aurata*) présentant d'étroites similitudes avec le scarabée d'or du rêve de sa patiente est venu frapper à sa fenêtre. Compte tenu du contexte, cette coïncidence, sans lien de causalité apparente, a pris sens pour la patiente et le thérapeute. Elle peut, de ce fait, être considérée comme une synchronicité.

Aussi est-il nécessaire de prendre le temps d'observer l'image qu'on a devant les yeux, de la laisser agir sur nous en se mettant à l'écoute des ressentis et des associations qui peuvent venir à l'esprit, sans chercher à les contrôler. On peut s'aider pour cela de la lecture de ce livre, en procédant lentement jusqu'à ce que se produise un déclic de la conscience. Bien souvent, c'est un détail, un mot ou une phrase qui pour nous ont un sens et permettent à un vécu, des émotions, un passé, des blessures, d'entrer en résonance avec l'arcane. Lorsque cela se produit, l'émotion ressentie ne laisse pas de place au doute quant à la justesse de ce qui est révélé.

Le symbole apparaît toujours au moment « juste » et nous le savons, car nous sommes à cet instant touchés, bouleversés, émus… Un moment privilégié, un moment cadeau : le présent. L'image qui se découvre à l'instant du tirage, « par hasard », est le reflet de ce qui se passe à l'intérieur de l'être.

Carole Sédillot, Elisabeth Zana,
ABC du symbole, Grancher, 2007.

Il peut arriver que certaines cartes se présentent à l'envers. Là encore, c'est à chacun de décider de l'importance qu'il accorde à ces cartes inversées. Personnellement, je considère les arcanes comme nos alliés. Ils sont porteurs de symboles et d'archétypes que nous avons sollicités pour leur demander aide et conseils. Ils ne peuvent de ce fait prendre une valeur négative. Le fait qu'ils se présentent à l'envers peut cependant attirer notre attention sur les aspects problématiques d'une situation ou d'une relation. Une inversion peut aussi indiquer qu'un aspect de l'arcane nous échappe. Elle devient alors le signe qu'il nous faut être attentifs·ves à ce qui, en nous, résiste ou doute, quant au message qui nous est transmis.

Dans tous les cas, il est important d'avoir à l'esprit qu'aucun symbole ou archétype, inversé ou non, n'est porteur d'une seule signification. Ils sont par définition polysémiques (porteurs de plusieurs sens). Loin d'être hostiles ou négatifs, ils sont une invitation à prendre en compte nos aspects souffrants et à les guérir. Le tarot est à la fois un révélateur et un miroir de ce qui nous habite et demande à être entendu, sans que nous en ayons toujours conscience.

Une fois le tirage terminé, il est bénéfique de s'accorder un court moment de calme pour intégrer les informations reçues, avant de reprendre le cours de sa vie. Il peut être utile, ensuite, d'enlever les charges émotionnelles liées au tirage qui vient d'avoir lieu (surtout si on fait un tirage pour quelqu'un d'autre) en « nettoyant » énergétiquement les cartes. On peut les passer à l'encens, à la sauge, ou devant la flamme d'une bougie (ou préférer toute autre pratique que l'on choisit d'utiliser). On range ensuite ses cartes en en prenant soin comme on le ferait pour un objet auquel on tient.

Lorsqu'on pratique des tirages pour d'autres personnes, il est important de respecter une éthique qui commande de ne jamais divulguer le contenu d'une séance. La confidentialité est le fondement de la confiance qui s'établit entre le tarologue et le consultant. Lorsqu'on le fait de façon régulière, le mieux est d'avoir deux jeux de cartes, de façon à en réserver un pour son usage personnel.

De plus, dans la mesure où le tarot met le libre arbitre au centre du jeu, il est préférable de ne pas tirer le tarot pour des enfants ou des adolescent·e·s qui ne disposent pas encore de la maturité émotionnelle nécessaire ni de l'entière maîtrise de leur vie.

Quelques tirages

Il existe de nombreuses façons de consulter le tarot : en tirant une seule carte, deux, trois, quatre, autant qu'on le souhaite... jusqu'au jeu complet. Il faut cependant savoir que plus on tire de cartes, plus le message du tarot risque d'être difficile à déchiffrer. Le plus simple pour se familiariser avec le tarot consiste à commencer par des tirages avec un nombre réduit de cartes, en utilisant les vingt-deux arcanes majeurs. On augmentera ensuite leur nombre en y ajoutant les mineurs.

Il existe de multiples façons de disposer les cartes sur la table : en ligne, en triangle, en croix, en éventail... Encore une fois, il est préférable de commencer avec des formes simples et peu de cartes, avant d'expérimenter des dispositions plus complexes.

On peut piocher directement toutes les cartes qu'on pose sur la table ou n'en choisir que quelques-unes qui constituent alors la base du jeu. On complète ensuite le tirage avec des cartes obtenues par additions et réductions dites « théosophiques », jusqu'à obtenir un chiffre situé entre un et vingt-deux (on donne au Mat, qui n'est pas numéroté, la valeur vingt-deux). Cette méthode associant tirages et calculs peut convenir lorsqu'on cherche à faire une synthèse ou à obtenir un conseil.

Une réduction théosophique consiste à faire la somme des nombres inscrits sur les cartes posées sur la table, puis à additionner les chiffres et, ensuite, à réduire le nombre obtenu jusqu'à obtenir un dernier nombre entre un et vingt-deux.

Exemple d'additions et de réductions théosophiques pour un tirage à cinq cartes, dont la cinquième est obtenue avec ce mode de calcul : les quatre premières cartes sont tirées, puis leurs nombres additionnés : 10 + 7 + 18 + 3 = 38, qui se réduit à 3 + 8 = 11. La cinquième carte ainsi obtenue est l'arcane XI, La Force.

Si le chiffre obtenu au terme de la réduction correspond à celui d'une carte déjà posée sur la table, on en tire une nouvelle, en remplacement.

Lorsqu'on souhaite approfondir le sens d'un arcane, on le recouvre d'une autre carte choisie parmi la série des majeurs ou des mineurs.

Mais finalement, peu importe la méthode. Ce qui compte, c'est d'être à l'aise et détendu·e avec le mode de tirage choisi, de façon à écouter ses ressentis en accueillant les cartes qui se présentent, sans attente préalable et sans appréhension.

Le tirage à une carte

C'est le tirage le plus simple, ce qui ne signifie pas que ce soit le moins riche. Il convient lorsqu'on souhaite obtenir un conseil sur l'énergie que l'on a besoin de mettre en œuvre pour un projet précis ou pour faire face à une situation, ou – de manière plus ouverte – pour connaître la tonalité de ce qu'on s'apprête à vivre. Comme on consulte la météo avant de partir en excursion, pour s'y adapter…

Le tirage à deux cartes

C'est un tirage susceptible de donner des réponses de type binaire :

- pour/contre,
- aspects positifs/aspects négatifs,
- avant/après.

Il peut répondre à des questions qui concernent un projet, une relation, ou encore aider lorsqu'on a un choix ou une décision à prendre. Il suffit pour cela de décider, par convention personnelle, que le « pour » ou le « positif » est à gauche et le « contre » ou le « négatif » à droite, ou l'inverse, et de ne pas en changer en cours de tirage.

Le tirage à trois cartes

On pose les cartes en ligne, de la gauche vers la droite. Ce tirage peut donner des réponses du type :

à gauche (ou à droite, selon la convention personnelle choisie), le passé (origine, cause) – au centre, le présent (situation actuelle) – à droite, le futur (résultante, ce vers quoi tend la situation ou la relation) ;

à gauche, ce qui aide (ou à droite, selon la convention choisie) – à droite, ce qui s'oppose ou échappe – au centre, la résultante ou le conseil du tarot, qui peut aussi être obtenu par addition et réduction des deux cartes tirées ;

à gauche, ce qui doit être transformé (ou à droite, selon la convention choisie) – au centre, les ressources à notre disposition et/ou l'énergie dont on a besoin pour y parvenir – à droite, la résultante.

Le tirage à quatre cartes

Il permet de préciser ce qui est en jeu dans une situation ou une relation. On procède alors comme pour un tirage à trois cartes, alignées de gauche à droite, et on obtient par additions et réductions théosophiques des cartes déjà tirées la quatrième (ou on la tire), que l'on pose au-dessus des cartes, comme la pointe d'un triangle. On peut aussi décider, par convention personnelle, que cette quatrième carte représente le conseil du tarot.

Le tirage à cinq cartes

Il permet de préciser l'enjeu d'une situation ou d'une relation, comme indiqué dans le tirage à quatre cartes, et on obtient la cinquième carte par additions et réductions théosophiques des quatre cartes déjà posées sur la table (ou tirage). On dispose cette cinquième carte dans le prolongement de la quatrième carte, de façon à former une croix. On peut décider, par convention personnelle, que cette cinquième carte est une préfiguration de l'avenir.

Le double tirage

Lorsqu'on est face à un choix et qu'on hésite entre deux possibilités, il est possible de faire deux tirages successifs, en demandant quelle serait l'évolution de la situation selon la décision prise. On compare ensuite les deux tirages en laissant parler son intuition. Habituellement, le choix s'impose de lui-même.

Il s'agit ici de tirages simples et faciles à effectuer, qui permettent de se familiariser avec le tarot. Rien ne signifie, toutefois, que la complexité offre nécessairement une meilleure lecture du tarot. Les tirages les plus simples sont souvent ceux qui permettent d'obtenir les réponses les plus claires...

En guise de conclusion provisoire

Au terme de cette présentation, il est important de rappeler que le tarot est un jeu de cartes transmettant des enseignements dans le cadre d'une pratique.

Quelles que soient les connaissances préalablement acquises, c'est en se confrontant aux arcanes, tirage après tirage, que l'on acquiert l'expérience du tarot. On parvient alors à élaborer sa propre grille de lecture, dont on a pu vérifier la validité en l'expérimentant par soi-même.

La seule règle à respecter est que cette pratique soit guidée par le cœur et qu'elle permette de se connecter à la meilleure part de soi, en développant (ou en suscitant chez les autres, quand on fait un tirage pour quelqu'un) la confiance et l'espoir. Un tirage doit toujours inspirer des choix, des directions ou des décisions justes et positives qui contribuent à notre bien-être (ou celui de l'autre) et qui aident à vivre. Faute de quoi, d'autres aspects de nous, comme l'ego ou le mental, peuvent se manifester, juger, voire exercer une emprise sur l'autre par des projections ou des prédictions susceptibles de créer des peurs ou des angoisses. Seules la vigilance et la bienveillance – tant pour soi que pour les autres – permettent d'éviter cet écueil.

Il suffit pour cela de se détourner, pour un temps, de ses occupations quotidiennes et de se mettre à l'écoute de son être profond. Le niveau où cela se produit n'est pas celui de la conscience conceptuelle et analytique. C'est une expérience qui donne valeur et sens à ce qui est vécu – indépendamment de son aspect parfois douloureux ou chaotique. Elle permet de se relier à notre sagesse intérieure.

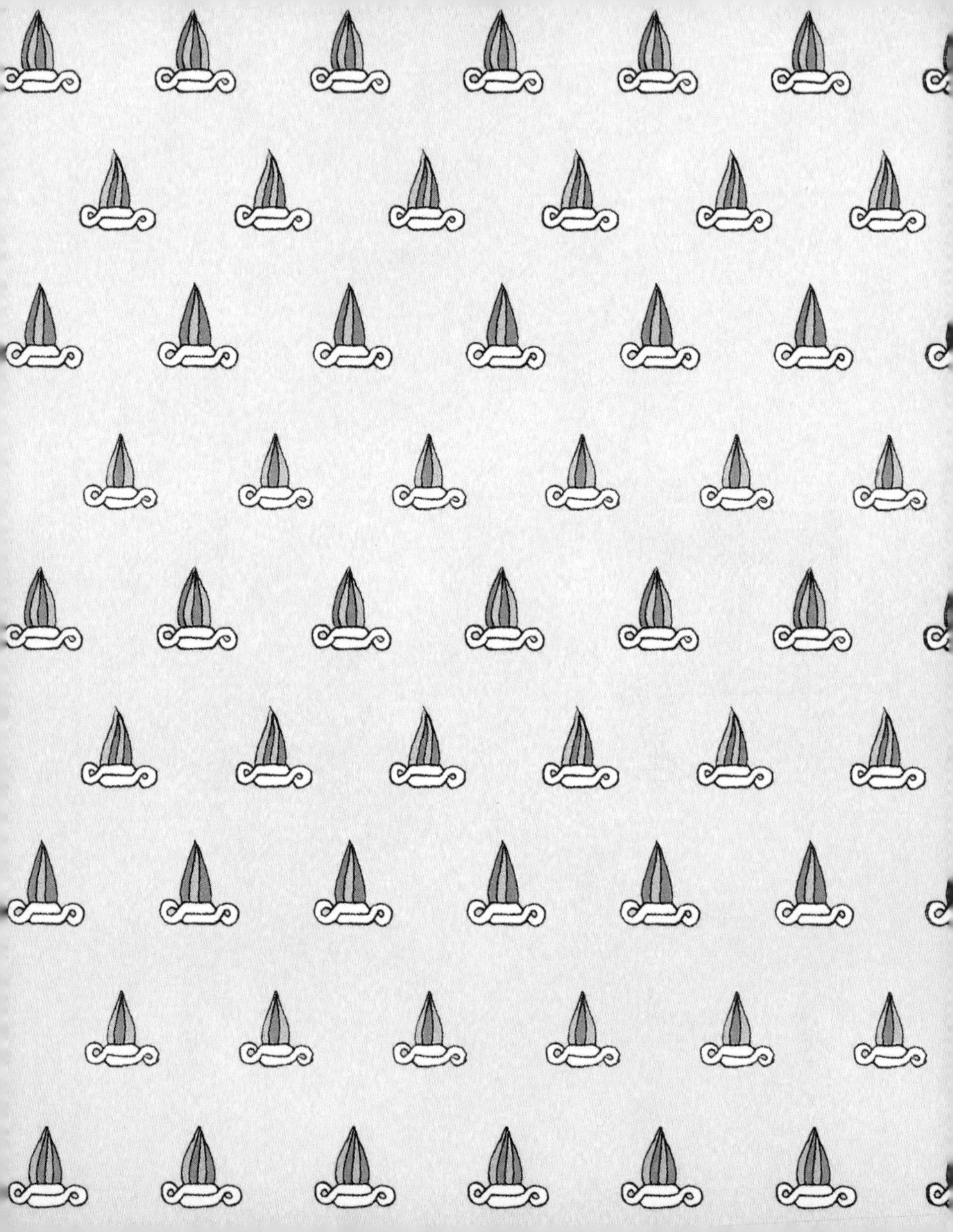

I - LES ARCANES MAJEURS

VII
SM
G.DARRAS MT.CAVERO
LE·CHARIOT

Présentation des arcanes majeurs

Les vingt-deux arcanes majeurs constituent le portail d'entrée du tarot. Ils décrivent un parcours initiatique permettant de dépasser les épreuves de la vie en les transformant en voie d'évolution conduisant à un accomplissement personnel.

Ce parcours permet à un jeune homme, un *apprenti-sage*, Le Bateleur (I), la première carte qui ouvre la série des majeurs, de faire un certain nombre « d'apprentissages » et d'expériences pour devenir un sage accompli, après avoir été confronté aux vingt-deux arcanes majeurs qui jalonnent son chemin. On peut considérer Le Bateleur comme une représentation allégorique de la personne qui consulte le tarot et les vingt-deux arcanes majeurs comme l'illustration du parcours qui attend toute personne s'engageant dans cette voie.

Comme toute voie initiatique, la voie du tarot est progressive. Aussi est-il nécessaire d'en franchir une à une les étapes pour en acquérir une compréhension plus profonde.

La numérotation des arcanes ne respecte pas la numérotation romaine : 4 s'écrit IIII (et non IV), 9 s'écrit VIIII (et non IX), 14 s'écrit XIIII (et non XIV) et 19 s'écrit XVIIII (et non XIX). Elle souligne que les arcanes constituent une suite progressive qui décrit une avancée régulière et continue, porteuse de sens. On peut, en outre, observer que les vingt et un arcanes numérotés des majeurs (Le Mat n'étant pas numéroté) peuvent se diviser en trois séries de sept cartes (3 x 7 = 21), chacune correspondant à un cycle de la progression du Bateleur.

Le premier cycle, de l'arcane I (Le Bateleur) à l'arcane VII (Le Chariot), est celui des « formations et apprentissages ». Il correspond à une période où Le Bateleur reçoit ses premiers enseignements et fait ses premières expériences. Ce premier cycle correspond à la jeunesse qui est une période de formation où l'être agit sans trop s'interroger sur ses actes.

Le deuxième cycle commence avec l'arcane de La Justice (VIII) et s'achève avec Tempérance (XIIII). C'est celui des « choix éthiques et transformations intérieures ». Il permet au Bateleur d'intérioriser progressivement les expériences vécues et les enseignements reçus pour devenir un adulte responsable de ses actes et de leurs conséquences.

Le Bateleur est maintenant prêt à s'engager dans le troisième et dernier cycle de son parcours, celui des « initiations et accomplissements » de son processus d'évolution. Il y parvient avec le dernier arcane numéroté du tarot, Le Monde (XXI). Cet arcane ne constitue cependant pas le terme de son parcours, car il est suivi par Le Mat, seul arcane non numéroté, qui initie un nouveau cycle d'évolution. Sa présence permet de considérer le tarot comme une structure ouverte, où un cycle succède à un autre dans un mouvement continu et toujours renouvelé.

1. Le cycle des apprentissages : *du Bateleur (I) au Chariot (VII)*

La première étape du processus de transformation intérieure induit par le tarot est une période de formation et d'apprentissage. Elle commence avec l'arcane du Bateleur (I) – dont nous verrons qu'il incarne l'archétype de l'enfant. Il est suivi numériquement par La Papesse (II), L'Impératrice (III), L'Empereur (IIII) et Le Pape (V), qui forment ensemble deux couples : La Papesse/Le Pape et L'Impératrice/L'Empereur. Compte tenu du jeune âge du Bateleur, on peut considérer ces quatre arcanes comme ses parents symboliques. Ils auront à cœur de lui transmettre leurs connaissances pour l'aider à progresser dans la voie du tarot. Une fois ces enseignements intégrés, Le Bateleur devra ensuite s'émanciper de leur tutelle pour grandir et devenir autonome. On le retrouve alors sous les traits de L'Amoureux (VI) puis du conducteur du Chariot (VII) – même jeunesse, même blondeur, même costume bariolé –, où il acquiert la maîtrise de sa vie en opérant ses propres choix.

Notons que les quatre arcanes qui suivent Le Bateleur sont des personnages ayant un rang élevé. Ils sont au sommet de la hiérarchie sociale médiévale et, tous les quatre, à la fois puissants et éduqués. Ce sont des symboles de réussite sociale, bien que l'autorité et la compétence de chaque couple s'exercent dans des domaines différents : le spirituel et le religieux pour le couple Papesse/Pape et le temporel des affaires sociales et humaines pour L'Impératrice/L'Empereur.

Du fait de leur haut rang social, ces quatre arcanes représentent davantage des idéaux que des personnes réelles : ils doivent être considérés comme des archétypes. Ils vont incarner, chacun dans leur domaine et en fonction de leur sexe, une forme d'excellence pouvant servir de modèle.

Il y a cependant plusieurs façons d'incarner les rôles de mère et de père. Aussi le tarot dédouble-t-il les archétypes maternels et paternels, avec La Papesse et L'Impératrice, d'une part, et L'Empereur et Le Pape, d'autre part. Notons, par ailleurs, que le tarot conserve le partage entre féminin et masculin présent dans toutes les cosmogonies – quitte à prendre quelques libertés avec le dogme catholique en mariant Le Pape à La Papesse, alors que le célibat du clergé est une règle incontournable de l'Église depuis les conciles de Latran (1123 et 1139).

La dualité du masculin et du féminin n'est cependant pas un fractionnement. Elle correspond à deux aspects consubstantiels de la réalité, comme le *yin* et le *yang* dans la tradition chinoise, ou encore le ciel et la terre, la matière et l'esprit, l'ombre et la lumière, le plein et le vide, la gauche et la droite, l'idée et l'action...

Notons encore que, pour chaque couple, les archétypes féminins apparaissent avant les archétypes masculins, comme dans les grandes religions primordiales où le principe féminin précède le masculin : La Papesse (II) et L'Impératrice (III) sont numériquement situées avant L'Empereur (IIII) et le Pape (V).

Dans la mythologie grecque, la divinité primordiale Gaïa est identifiée à la déesse mère. Elle émerge du chaos primordial et s'accouple ensuite avec Ouranos qui est à la fois son fils et son époux. Elle donne alors naissance à sa descendance : les Titans, les Géants, les Cyclopes, les divinités de l'Olympe et tout le reste de la création.

En outre, lorsqu'on additionne les chiffres de chacun des couples, on obtient le chiffre sept (2 + 5 = 7 et 3 + 4 = 7). En numérologie, ce nombre représente une totalité. Il y a sept jours de la semaine, sept notes de musique, sept couleurs de l'arc-en-ciel... La symbolique du nombre sept permet de considérer que chaque couple constitue un ensemble indissociable, recomposé à partir de l'union des principes masculin et féminin.

Ainsi et contrairement à la doctrine officielle de l'Église qui tend à reléguer les femmes dans une position subalterne en leur interdisant d'accéder aux fonctions sacerdotales, le tarot semble leur reconnaître une autre place, puisqu'il leur accorde la primauté sur les hommes dans l'ordre numérique. Il opère ainsi une réhabilitation des femmes.

On peut comparer cette conception aux mouvements philosophiques et mystiques chrétiens nés aux premiers siècles de la chrétienté, en marge de l'Église, désignés sous le nom de « gnoses ». Les gnostiques remettaient en question la conception d'une divinité et d'un clergé exclusivement masculins. Ils préconisaient une pratique spirituelle sans intermédiaire institutionnel. Ils ont été pour cela vigoureusement combattus par l'Église qui, dès l'origine, les suspecta d'hérésie.

Cela n'empêcha pas la pensée gnostique de traverser les siècles, de façon souterraine, en dehors de toutes institutions de type religieux ou sociétés secrètes. C'est aussi le cas de l'hermétisme et de l'alchimie. Ces enseignements ésotériques avaient en commun de se transmettre de façon initiatique et secrète, à travers un corpus de textes, de théories et de pratiques, grâce à des symboles dont certains sont reconnaissables dans le tarot. Loin d'être de simples coïncidences, ces références, parfois discrètes, parfois explicites, laissent penser que les maîtres cartiers qui ont dessiné le tarot étaient des initiés qui partageaient ces savoirs.

Il n'est bien sûr pas nécessaire d'avoir des connaissances ésotériques approfondies pour pratiquer le tarot. Il importe avant tout de se mettre à l'écoute de son intuition. Il n'en demeure pas moins que la richesse symbolique du tarot permet de le considérer comme une sorte de bibliothèque imagée des symboles et archétypes communs à l'humanité. Ils voyagent à travers les âges, les mythologies et les cultures. S'y relier enrichit la lecture que l'on peut faire des arcanes.

I – Le Bateleur ou le commencement d'un processus

Le Bateleur est le premier arcane du tarot. Il introduit la série des vingt-deux majeurs. Ce personnage nous semble aujourd'hui anachronique, avec son costume bariolé. Il faut cependant se souvenir que, dans la société médiévale, c'était une figure familière. On le rencontrait dans les foires et les marchés, ainsi que sur le parvis des églises où se côtoyaient forains, artisans et badauds. Le Bateleur est un des personnages du tarot qui atteste de son origine médiévale.

Le dictionnaire Larousse le définit comme une « personne qui divertit sur les places publiques par ses tours d'adresse et ses bouffonneries ». On peut le rapprocher des saltimbanques et autres amuseurs publics qui fréquentaient les mêmes lieux que lui. La besace ouverte, posée près de lui sur la table, pourrait évoquer la mallette des colporteurs. Comme eux, il semble chercher à attirer l'attention des passants avec une petite baguette qu'il tient dans sa main droite, sans doute pour leur présenter les objets qu'il a sortis de son sac : deux petites coupes, deux dagues et quelques piécettes qui correspondent aux symboles des quatre couleurs des arcanes mineurs (les Bâtons, les Coupes, les Épées et les Deniers). Ils représentent les énergies des quatre éléments non développées, à l'état de potentiel : le Bâton est une baguette, l'Épée une dague ; les Coupes sont de petite taille et les Deniers, des piécettes. Il appartiendra au Bateleur d'apprendre à les utiliser au cours de son parcours.

À côté de ces objets se trouve un dé dont les faces visibles portent des chiffres dont la somme additionnée est six. Ce nombre correspond à l'arcane de L'Amoureux (VI) qui invite à faire des choix et à s'engager. Quels sont les choix que Le Bateleur est discrètement invité à faire par le dé posé devant lui, sur la table ?

Le nombre un

C'est le premier chiffre de la série des unités (de 1 à 9). En tant que premier nombre, il symbolise un début ou un commencement. Mais il a aussi le sens de « Un » (du latin *unus* : unique). Il représente alors l'unité parfaite, indivisible, n'existant que dans son unicité absolue. « Un » symbolise le principe créateur de tout ce qui existe, quel que soit le nom qu'on lui donne : Dieu, l'Univers ou l'Intelligence créatrice à l'origine de la vie.

Le un n'est cependant pas encore un nombre actif. Il n'existe qu'en tant que potentiel créatif, non encore manifesté. C'est un nombre neutre.

Interprétation symbolique du Bateleur

Le Bateleur est l'archétype de l'enfant du tarot. Il est au commencement de la série des majeurs, comme un enfant au début de sa vie. Il est appelé à en parcourir toutes les étapes. Il est porteur de tout le potentiel créatif du nombre un, comme un enfant porte en lui toutes les promesses de la vie et tous les possibles qui s'offrent à lui. Il lui appartient de les réaliser – ou non. L'enfant/Bateleur incarne une situation ouverte, un début plein de promesses encore en attente de concrétisation.

Car pour l'instant, Le Bateleur ne pense qu'à s'amuser, à faire des tours, comme les saltimbanques ou les bouffons dont il porte le costume. Il évoque en cela un autre archétype d'enfant, le « fripon » (*trickster* en anglais), personnage farceur et imprévisible animé d'une énergie puissante, qui symbolise le renversement de l'ordre établi. Il est à l'origine du concept d'enfant intérieur, ou enfant divin.

Le mythe du fripon est présent dans de nombreuses cultures. C'est un archétype archaïque provenant des temps les plus reculés de l'humanité. C. G. Jung l'interprète comme une « figure de transformation psychique ».

En tant qu'archétype d'enfant, le personnage du Bateleur possède les nombreuses qualités de l'enfance : l'enthousiasme, l'énergie, la créativité et une grande liberté intérieure. Elles tiennent au fait qu'il n'a pas encore intégré les conventions sociales du monde adulte. Il est encore inexpérimenté et immature. Sa séduction, sa créativité et son côté provocateur d'enfant/Bateleur ne suffisent cependant pas à matérialiser tous ses potentiels. Pour y parvenir, il lui faudra grandir et dépasser la dépendance affective envers ses parents, ainsi que le besoin de reconnaissance et d'approbation qui sont aussi l'apanage de l'enfance. Il devra devenir autonome et s'émanciper de la tutelle parentale. Il lui faudra, en outre, acquérir des connaissances et apprendre à utiliser les ressources qui sont les siennes. Il deviendra alors un homme debout, comme le suggère la graphie du chiffre I (un) qui évoque l'idée de position verticale ou d'élévation.

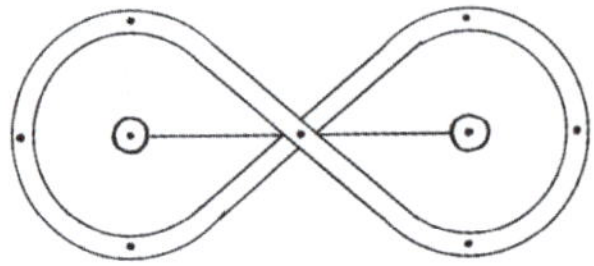

Le symbole mathématique de l'infini
appelé « lemniscate »

Derrière son apparence d'amuseur public, Le Bateleur est porteur d'un message plus sérieux et profond qu'il ne semble. Le huit couché au-dessus de sa tête permet de le penser. Ce symbole mathématique de l'infini, aussi appelé « lemniscate », présent dans de nombreuses traditions, met en lien avec les énergies cosmiques. Le fait qu'il soit situé au-dessus de sa tête (ou représenté sous la forme d'un chapeau dans certains tarots) indique que la conscience du Bateleur (dont la tête est traditionnellement le siège) s'ouvre aux énergies supérieures. Le symbole de la lemniscate invite Le Bateleur à quitter l'espace profane de la foire (du latin *profanum*, « celui qui se tient devant le temple ou l'église ») pour s'engager dans une voie dédiée à la spiritualité, dont le château blanc est le symbole. Il l'incite à s'engager librement dans un chemin d'évolution menant à un accomplissement intérieur.

Invitation du Bateleur

Lorsque Le Bateleur se présente dans un jeu, c'est pour inviter à retrouver en soi les qualités de notre enfant intérieur·e et à s'interroger sur la relation qu'on entretient avec lui·elle. Quel type d'enfant avons-nous été ? Cet·te enfant est-il·elle une ressource pour nous ou, au contraire, nous manipule-t-il·elle à notre insu ? De quelle façon ? Quelles sont les qualités et les blessures dont nous lui sommes redevables ? Sont-elles guéries ?

L'apparition du Bateleur dans un jeu est toujours une invitation à retrouver, en nous, l'élan initial, la créativité et la joie d'aller de l'avant des nouveaux commencements. C'est une invitation à vivre intensément chaque expérience ou relation nouvelle comme si c'était la première fois, sans peur et sans limitations liées à la conscience du temps.

Ombre du Bateleur

L'aspect négatif du Bateleur se manifeste en nous sous la forme de sabotage, de compulsions, d'addictions, d'autodestruction, d'inhibition et de toute autre manière qu'il nous appartient de découvrir. Il correspond à l'enfant en nous qui n'a pas grandi. C'est un·e enfant en souffrance, abandonné·e, livré·e à lui·elle-même, qui requiert toute notre attention et notre amour.

Le Bateleur et nous

Comme une renaissance, Le Bateleur s'invite dans notre jeu. Notre jeu de la vie. Il délivre le secret de la jeunesse,

de la joie et de nos indéfinissables possibilités. Il nous invite à cheminer sur notre chemin, sans crainte et avec enthousiasme. Il nous parle de notre enfant intérieur qui, comme une flamme, est notre meilleur guide.
Avec Le Bateleur souffle un vent de nouveauté.
Dans notre existence, nous connaîtrons de nombreux commencements. Il en est le symbole.

Dans un tirage

Sens général

Lorsque Le Bateleur apparaît, c'est pour indiquer qu'on est au début d'un processus, face à une situation ouverte où tout est possible, même si tout est encore indéterminé. C'est un feu vert qui indique qu'on peut aller de l'avant sans donner d'indications sur la direction à suivre ni sur l'issue du voyage.

Plan personnel

Le Bateleur invite à aller de l'avant, à entreprendre, à suivre ses impulsions en écoutant son intuition, même si les objectifs ne sont pas nécessairement définis.

Plan spirituel

Le Bateleur invite à cultiver en soi la joie et à vivre intensément l'instant présent, ici et maintenant, en faisant un avec l'univers, comme le fait un enfant.

II - La Papesse ou le pouvoir de l'intuition

La Papesse est le premier archétype féminin que rencontre le Bateleur. C'est une femme austère et hiératique. Elle est drapée dans une cape bleu nuit, couleur de spiritualité, conforme à son domaine de compétence qui est celui des âmes et du sacré. Elle est assise et tient un livre dans ses mains. Souvenons-nous que la lecture était une occupation inhabituelle pour une femme, à la fin du Moyen Âge. C'est donc une femme instruite. Mais de quelle nature sont les savoirs contenus dans le livre qu'elle tient ouvert sur ses genoux ?

La tenture qui se trouve derrière elle intrigue aussi. Que dissimule-t-elle ? Un passage menant à un espace sacré ? La Papesse serait alors la gardienne du seuil séparant le sacré du profane, que doit franchir tout novice au début de son initiation.

Mais la tenture peut aussi évoquer le voile de la déesse Isis qui, d'après Plutarque, dissimule un savoir très ancien dont les Égyptiens étaient détenteurs. Caché derrière des symboles ésotériques, ce savoir permet de lever le voile de l'ignorance, grâce à la connaissance initiatique. Le voile de La Papesse pourrait avoir la même fonction que celui d'Isis et inviter Le Bateleur — et, à travers lui, toute personne qui s'engage dans la voie du tarot — à aller au-delà des apparences pour accéder à ce réel voilé et acquérir des connaissances réservées à un petit nombre d'initié·e·s.

Notons, cependant, que La Papesse détourne son regard du livre qu'elle tient dans ses mains. Ce qui laisserait penser que le savoir auquel elle a accès n'est pas uniquement livresque, mais qu'il relève d'un autre niveau de conscience, celui de l'intuition. La Papesse valide ce mode de connaissance, qui s'oppose à l'intelligence analytique et déductive.

Il est intéressant de noter que, de nos jours, la physique quantique réactualise la notion de « réel voilé » qui ressemble fort à ce que la tradition hindoue désignait sous le nom de maya, ou « voile de l'illusion » (Bernard d'Espagnat, *Le Réel voilé : Analyse des concepts quantiques*, Fayard, 1994).

Cette théorie, très contemporaine, reprend les interrogations anciennes portant sur le fait de savoir si le réel est tout entier sous nos yeux ou s'il existe une autre réalité qui nous demeure cachée. En faisant du langage scientifique, et plus particulièrement du langage mathématique le seul moyen d'accéder à une réalité inaccessible aux sens et aux instruments de mesure, la physique recourt, elle aussi, à un savoir et à des connaissances réservées aux seuls initiés mathématiciens.

Le nombre deux

Deux est le nombre de la dualité. Un a besoin du miroir réfléchissant de deux pour se percevoir en tant que non-deux. On ne prend, en effet, conscience d'une chose que par son contraire : l'ombre n'existe que par contraste avec la lumière. Il en va de même pour toutes les oppositions structurantes. Grâce à deux qui lui reflète son pouvoir créatif, un peut prendre conscience qu'il est une conscience agissante, alors que deux est un nombre pair, passif et réceptif.

Interprétation symbolique de La Papesse

La Papesse est un archétype féminin et maternel. Dans sa tonalité passive et réceptive, sans avoir besoin d'agir et grâce à sa seule présence, elle invite Le Bateleur à un dévoilement lui permettant d'accéder à un autre niveau de connaissance.

C'est une femme de pouvoir. Elle occupe la plus haute fonction pontificale (bien qu'inusitée dans la chrétienté). La Papesse possède des connaissances qui permettent de soulever le voile de l'ignorance et de l'illusion. Elle incarne la connaissance et la sagesse. Elle permet au Bateleur d'apprendre à partir de ses expériences. Elle lui donne la force de s'émanciper et de s'engager dans un chemin nouveau, plus conforme à ses aspirations.

Mais elle n'est pas seulement une femme sage, car, en tant qu'archétype féminin maternel, c'est aussi une sage-femme. En espagnol, « mettre au monde » se dit *dar a luz*, qu'on peut traduire par « donner la lumière » ou « donner à la lumière ». Cette formulation montre la similitude qu'il existe entre le rôle de mère et celui, métaphorique, d'accoucheuse d'âme qu'incarne La Papesse. Son rôle est de guider, d'enseigner et de transmettre. Il en fait une initiatrice qui invite à se connaître (co-naître, « naître avec » ou « naître à soi »). Sa fonction de mère s'apparente alors à celle d'un·e thérapeute qui, par un long travail de maturation, permet d'explorer ses zones d'ombre, avant de parvenir à la lumière.

La connaissance de soi est le premier enseignement que reçoit Le Bateleur. En accord avec l'adage socratique inscrit sur le fronton du temple de Delphes – *Connais-toi toi-même et tu connaîtras le secret de l'univers et des dieux* –, cet enseignement fait de la connaissance de soi le fondement de toute évolution intérieure.

La Papesse est un archétype de femme inspiratrice et initiatrice.

Invitation de La Papesse

Lorsque La Papesse se présente dans un jeu, c'est pour inviter à faire usage de son discernement de façon à se forger ses propres opinions, à diversifier ses sources d'informations et à se détourner des discours dominants véhiculant une pensée unique. Elle encourage à faire confiance à son propre jugement en suivant son instinct et son intuition, sans craindre d'explorer des voies non balisées en marge de celles empruntées par le plus grand nombre. Elle engage, comme Isis, à soulever le voile des apparences pour trouver sa propre vérité.

La Papesse montre le chemin d'une intériorité et d'un dévoilement de soi qui nécessitent un temps d'intégration et de maturation silencieuse. Elle invite à explorer l'autre versant du réel, celui de l'intime, de l'inconscient et du sacré.

Ombre de La Papesse

La cérébralité correspond à l'aspect négatif de La Papesse. Elle peut l'inciter à ignorer ses ressentis corporels, à nier ses émotions et à se couper des autres. N'oublions pas qu'elle est porteuse du nombre deux qui génère dualité et séparation. Sa gravité peut devenir froideur, et sa spiritualité désincarnée, se transformer en un masque qui isole au lieu de dévoiler.

La Papesse peut révéler des difficultés à se livrer et à communiquer. Elle peut aussi dissimuler des secrets enfouis dans les plis de son ample manteau, qui pèsent leur poids de silence.

La Papesse et nous

Dans son habit spirituel, La Papesse nous invite
à la suivre dans le monde de la connaissance. Elle dévoile,
grâce à son discernement, le pouvoir de notre intuition.
Elle prend puissamment le temps de préparer l'avenir.
Réconfortante, La Papesse est la réflexion avant l'action.
Elle est une guide précieuse dans notre quête intérieure.

Dans un tirage

Sens général

La Papesse indique que le moment n'est pas à l'action. C'est un temps nécessaire de gestation et de maturation permettant d'accumuler des forces par le repos ou d'acquérir des nouvelles connaissances en lien avec l'écriture, les livres ou la mémoire. Il peut s'agir d'études, de formations professionnelles, mais aussi d'un travail thérapeutique, ou encore d'une démarche spirituelle. Quel que soit le domaine concerné, La Papesse invite à prendre le temps nécessaire afin de laisser émerger des perspectives nouvelles.

Plan personnel

La Papesse invite à se connaître en dévoilant les aspects de soi ignorés, déniés ou dissimulés dans l'inconscient. Elle souligne la nécessité de partir en quête de sa propre vérité, de « se mettre au monde », de s'émanciper, de devenir autonome et de se prendre en charge. En tant qu'archétype maternel, La Papesse peut parfois révéler une problématique liée à la mère.

Plan spirituel

La Papesse représente un mode d'accès au divin basé sur l'intuition, la réceptivité et l'inspiration. Cette voie est différente de celle prônée par les religions institutionnalisées. C'est par excellence la voie des mystiques et des contemplatifs qui se réfugient dans le silence. Elle invite à se connecter à sa sagesse intérieure ou à la présence divine en soi (peu importe le nom qu'on lui donne) pour en recevoir guidance et conseils.

III - L'Impératrice ou le pouvoir de l'intention

L'Impératrice est le second archétype féminin que rencontre Le Bateleur. C'est, à nouveau, une femme de pouvoir. Elle porte une couronne et tient un sceptre dans une main ; dans l'autre, un bouclier sur lequel est gravé un aigle royal, blason de son époux, L'Empereur.

L'Impératrice met en scène une féminité épanouie et sûre d'elle, consciente de son pouvoir et de sa séduction, en prise sur le monde. Elle incarne une autre tonalité du féminin que La Papesse.

Le nombre trois

L'Impératrice porte le nombre trois, dont la symbolique riche est présente dans de nombreuses traditions. C'est un nombre fondamental obtenu par l'addition du un (l'énergie primordiale) et du deux (la dualité), qui fusionnent pour réaliser une nouvelle synthèse.

Dans la tradition du *Yi King* ou *Livre des transformations* (texte fondateur de la culture chinoise), le trois désigne l'hexagramme *Tchouen*, celui d'une force créatrice qui se met en mouvement. Il est associé à l'adolescence. C'est une énergie encore chaotique, qui a besoin d'être maîtrisée et ordonnée. Dans la tradition chrétienne, le dogme de la Sainte Trinité exprime la mise en mouvement de l'énergie divine sous la triple forme du Père – *celui qui est éternel*, disent les Évangiles –, du Fils – qui est la divinité incarnée (Jésus) – et de l'Esprit saint – appelé *ruah* ou « souffle de Dieu » dans le judaïsme. L'Impératrice, porteuse du nombre trois, symbolise la mise en mouvement d'un processus vital créateur.

Cependant, trois est un chiffre impair, traditionnellement considéré comme actif et émetteur. Cela laisse supposer que, par sa capacité à insuffler la vie, L'Impératrice possède certaines caractéristiques masculines, suggérées par la manière dont elle appuie son sceptre sur son bas ventre, comme un phallus. Cette particularité pourrait sembler en contradiction avec le fait qu'elle incarne un archétype féminin. Mais ce serait oublier que c'est une femme de pouvoir exerçant une action sur le monde qui permet de la rapprocher des grandes déesses de la Fécondité de l'Antiquité.

Certains tarots, comme ceux de Grimaud ou de Jodorowsky, suggèrent l'aspect masculin de L'Impératrice en la dotant d'une pomme d'Adam.

Interprétation symbolique de l'Impératrice

En tant qu'archétype féminin à l'origine du mouvement créateur de la vie, L'Impératrice peut être assimilée à Gaïa, la grande déesse mère de la mythologie grecque, matrice universelle de la création du monde. Le tarot de Rider/Waite la représente comme une belle femme entourée d'épis de blé. Elle évoque alors Déméter, autre déesse grecque de la Fertilité, qui fit don aux hommes de l'agriculture.

La Papesse, en revanche, incarne davantage Perséphone, la fille de Déméter. Associée à l'hiver et à la germination des plantes, elle est enlevée par Hadès, le dieu des Enfers, et condamnée à passer six mois par an sous terre pour avoir mangé le fruit du grenadier, symbole de sagesse.

Comme Gaïa conçoit la création à venir, L'Impératrice incarne un pouvoir visionnaire. Elle a la capacité de poser des intentions et de concevoir des projets. Lorsqu'on place, côte à côte, la carte de L'Impératrice et celle L'Empereur qui la suit dans l'ordre numérique, on peut observer qu'il est tourné vers elle et qu'il la regarde, comme s'il la consultait du regard, pour prendre conseil auprès d'elle. Son rôle consiste à conceptualiser des projets nouveaux qu'elle souffle ensuite à l'oreille de L'Empereur (qui les mettra en œuvre). L'Impératrice est une initiatrice qui inspire et oriente l'action de L'Empereur.

Semblable aux grandes déesses mères de la Fertilité dont la créativité se manifeste dans la diversité infinie du vivant, elle incarne la générosité et l'inventivité du monde manifesté.

Invitation de L'Impératrice

Lorsque L'Impératrice apparaît dans un jeu, elle invite à s'ouvrir intuitivement à l'étincelle de la création en recourant à l'intelligence conceptuelle. Elle conçoit des formes et des projets innovants pour planter les germes des récoltes à venir.

Elle manifeste une féminité épanouie et sûre de son pouvoir de séduction. Par son côté vénusien, L'Impératrice invite à jouir de la vie dans sa grande diversité, à travers toutes les formes et les expériences qu'elle propose. Elle invite à s'exprimer, à s'extérioriser, à communiquer en ayant pleinement conscience de ses atouts, de ses compétences et de son pouvoir.

Ombre de L'Impératrice

En tant que femme de pouvoir, sûre d'elle-même et de ses capacités, L'Impératrice court le risque de céder à ses pulsions en devenant autoritaire et/ou perfectionniste. Elle peut aussi devenir prisonnière de l'image qu'elle veut donner d'elle-même et se perdre dans le regard des autres, au détriment de son épanouissement personnel.

L'Impératrice et nous

L'Impératrice a trouvé l'union exceptionnelle
de la plénitude émotionnelle et de l'équilibre intellectuel.

Sa protection renforce nos pouvoirs innés d'imagination et optimise nos potentiels en développant notre intelligence et notre créativité perspicace et élégante. Ne laissons pas passer cette période propice à l'épanouissement.

Dans un tirage

Sens général

L'énergie se met en mouvement, elle invite à se préparer à l'action. L'Impératrice annonce le retour de la santé après une période de fatigue ou de maladie et la fin des restrictions ou contraintes qui pouvaient exister jusque-là. Le moment est venu de sortir de la routine, de faire des projets, de prendre des initiatives en laissant libre cours à sa créativité, son imagination, sans craindre d'innover ni d'envisager des projets ambitieux, d'envergure.

Plan personnel

L'Impératrice invite à prendre conscience de la puissance de son pouvoir créatif. Elle propose de dépasser ses doutes, ses peurs ou les jugements négatifs qu'on peut avoir sur soi pour s'affirmer, s'extérioriser, communiquer et jouir de la vie en laissant la meilleure part de soi s'exprimer.

Plan spirituel

L'Impératrice est l'arcane de l'intelligence créatrice qui fait le lien entre l'esprit et la matière. Par sa capacité à générer des idées, des images et des projets, elle incarne le pouvoir de l'intention. Grâce à l'usage de son imagination créatrice et intuitive (pouvant aller jusqu'à la clairvoyance), elle se connecte aux énergies supérieures et leur donne forme pour qu'elles se manifestent ensuite dans le monde sensible. L'Impératrice invite à poser des intentions claires et altruistes. En tant qu'archétype féminin, elle incarne un idéal élevé d'amour, d'aide et de sollicitude.

IIII – L'Empereur ou l'action sur le monde

L'Empereur est le quatrième arcane du tarot. C'est le premier archétype masculin que rencontre Le Bateleur. C'est un homme d'un certain âge, gage d'expérience et de sagesse. Il porte une belle barbe virile. Il est assis sur un trône, une couronne sur la tête et une parure autour du cou évoquant les colliers de chevalerie, comme insigne de son pouvoir.

Il tient de sa main droite un sceptre, et de la gauche, une sphère surmontée d'une croix qui, depuis le Moyen Âge, est utilisée comme symbole d'autorité royale. Sa forme circulaire évoque le monde sur lequel s'exerce la puissance du monarque, et la croix, la provenance divine de ce pouvoir.

Mais souvenons-nous que, dans l'Europe médiévale où naît le tarot, la séparation des pouvoirs spirituel et temporel limitait le domaine d'exercice des monarques à leur empire. Ils en garantissaient les frontières, mais aussi la stabilité intérieure et la prospérité.

Le nombre quatre

Le nombre quatre est celui de la structure et de la matière. C'est le nombre du concret, de la construction et de la réalisation. Comme le trône carré sur lequel l'Empereur est assis et le cube sur lequel il pose son pied, le quatre évoque la stabilité et l'équilibre.

Interprétation symbolique de L'Empereur

Les qualités du nombre quatre sont aussi celles de L'Empereur. C'est un homme de pouvoir, situé au sommet de la hiérarchie sociale. Son autorité s'exerce sur son royaume avec des moyens matériels et concrets, tels qu'une armée, des lois, des règlements et une administration. Il incarne des notions d'ordre, de sécurité, de stabilité et de structure qui nécessitent, sur le plan mental, une tranquillité émotionnelle et une grande maturité. Ces qualités lui permettent de rester maître de lui et de ses émotions, d'avoir une vision claire tout en étant capable de faire preuve de rigueur et de rationalité dans les prises de décision. L'Empereur incarne un archétype masculin de pouvoir et d'autorité.

De plus, en tant qu'archétype paternel, il veille sur ses sujets et garantit leur sécurité et leur bien-être. Il gère les questions matérielles et fait régner l'ordre. Il symbolise la souveraineté et la responsabilité. Cependant, compte tenu de sa rationalité, il peut avoir des difficultés à trouver des solutions innovantes ou inédites pour faire face à l'imprévu ou l'inattendu. En cela, L'Impératrice peut l'aider à gérer harmonieusement son royaume. Grâce à sa créativité et son imagination, elle peut lui inspirer des solutions innovantes. C'est de la complémentarité du couple impérial que naît la paix, la stabilité et la prospérité du royaume. Ce qui correspond à une vision très moderne du couple, où chacun s'enrichit des différences de l'autre.

On peut voir dans le couple impérial une représentation symbolique de la psyché humaine où la figure de L'Empereur représente la part consciente, active, rationnelle de la personnalité, et celle de L'Impératrice, la part inconsciente, créatrice et imaginative. Dans cette perspective, c'est la prise en compte et le dépassement progressif de tous les aspects contradictoires de la personnalité consciente et inconsciente qui permettent d'atteindre l'harmonie intérieure et la réalisation de soi.

Invitation de L'Empereur

Lorsque L'Empereur se présente dans un jeu, c'est pour inviter à développer la maîtrise de soi, la rationalité et la rigueur, et ainsi mettre en œuvre ses projets et agir sur le monde en obtenant des résultats concrets et mesurables.

L'Empereur invite à s'interroger sur la façon dont on prend sa place dans le monde, dont on délimite son territoire et dont on exerce sa souveraineté en ayant conscience de ses limites.

Ombre de L'Empereur

La rigueur de L'Empereur peut se transformer en rigidité, voire en psychorigidité. Il court alors le risque de devenir prisonnier de sa rationalité, de ses certitudes et de son matérialisme en se laissant enfermer dans les limites qu'il a lui-même définies.

L'Empereur et nous

Raisonnable, logique, équilibré, il a acquis une grande connaissance du monde matériel qu'il gère avec sagesse et expérience. Il nous montre comment reconnaître nos émotions afin qu'elles deviennent plus stables. L'empereur nous montre la voie pour s'ancrer dans la matière afin de déployer notre maîtrise.

Dans un tirage

Sens général

C'est le moment de concrétiser ses projets, d'entreprendre et d'agir. L'Empereur est l'arcane des décideurs·ses, des bâtisseurs·ses, des entrepreneurs·ses et des hommes et femmes d'affaires. Il encourage et favorise toutes les initiatives et prises de responsabilités dans le monde matériel. Il invite à définir précisément les limites de son territoire et à le défendre lorsque c'est nécessaire.

Plan personnel

L'Empereur est un archétype masculin qui incarne le moi conscient. Il participe d'une conscience claire, stable, tournée vers l'extérieur. Elle s'exprime à travers la raison, la logique et le libre arbitre. L'Empereur invite à prendre pleinement sa place dans le monde en exerçant son pouvoir et son autorité, tout en évitant les débordements émotionnels.

Plan spirituel

L'Empereur apparaît dans un jeu pour rappeler la nécessité d'avoir des bases solides, ancrées dans la matière, pour acquérir la maîtrise de sa vie. À l'image de l'arbre qui pousse loin de ses racines dans la terre pour s'élever haut dans le ciel, il représente l'esprit incarné dans la matière et rappelle la nécessité d'habiter pleinement son corps et le territoire qui lui est imparti pour acquérir la stabilité permettant de déployer sa puissance.

V – Le Pape ou le dépassement du matériel

Dans la religion catholique, Le Pape représente la plus haute fonction sacerdotale de l'Église. Il porte les signes de cette autorité suprême : la tiare et la crosse, qui sont les symboles d'un pouvoir d'origine divine. Le Pape est un arcane sur lequel l'influence de l'Église catholique romaine est très marquée, en lien avec les origines italiennes du tarot.

C'est un homme instruit qui connaît le grec et le latin. Il peut déchiffrer les textes anciens. C'est à la fois un guide, garant de l'intégrité et de l'unité de l'Église, et un enseignant qui s'exprime grâce à des discours, homélies ou, plus solennellement, encycliques et exhortations apostoliques.

Grâce à son action, il donne une orientation spirituelle à l'Église tout en intervenant très concrètement dans la vie des fidèles, puisqu'il préconise des règles de conduite conformes à la morale chrétienne. Il édicte, en outre, un certain nombre d'interdits et d'obligations basés sur la théologie scolastique élaborée depuis le Moyen Âge.

Les savoirs transmis par Le Pape sont conformes à la doctrine officielle de l'Église. Ils diffèrent en cela de ceux de La Papesse qui accède à la connaissance par transmission initiatique.

Le nombre cinq

Cinq est considéré comme le nombre représentant l'humain : les cinq doigts de la main, les cinq sens, mais aussi les quatre membres et la tête.

C'est le nombre du pentagramme, l'étoile à cinq branches qui, lorsque la pointe est orientée vers le haut, est un symbole très bénéfique, représentant l'homme en harmonie avec le cosmos et l'univers.

L'étoile à cinq branches appelée « pentagramme »

Cinq peut se lire comme une invitation à sortir des limites du quatre et de son matérialisme. Il ouvre des perspectives nouvelles.

Interprétation symbolique du Pape

Dans la tradition catholique, la fonction papale est associée à des métaphores pastorales : Le Pape est un pasteur, sa crosse est souvent comparée au bâton du berger, et l'Église est son troupeau. En italien, « pape » se dit *papa*, terme qui souligne la connotation affective très forte de cette figure masculine – dont L'Empereur (IIII) est dépourvu. Elle ouvre la voie à l'arcane de L'Amoureux (VI) qui le suit dans l'ordre numérique du tarot. Cependant, lorsqu'il s'agit du Pape, cette figure est encore très désincarnée, car il est le représentant de l'Église catholique romaine qui fit du célibat des prêtres un dogme incontournable. Le Pape est néanmoins le symbole d'une écoute et d'une parole aimantes et bienveillantes. Il incarne une tonalité du masculin paternel et protecteur qui guide, conseille et aide, dans le respect et l'amour de l'autre.

Le Pape est aussi appelé le « souverain pontife ». Ce titre, hérité de la Rome antique, lui est réservé en tant qu'évêque de Rome. Il dérive du latin *pontifex* qui signifie « pont ». Il correspond à sa capacité à relier l'humain au divin. Elle lui permet de bénir, d'un geste de la main, les novices agenouillés face à lui, en appelant sur eux la protection divine. De même, il administre les sacrements qui, dans la tradition chrétienne, sont des rites sacrés permettant de transmettre la bénédiction divine aux fidèles, par l'intermédiaire de l'officiant. Le Pape sert de pont entre le matériel et le spirituel.

Il est en outre le garant des enseignements de l'Église basés sur un corpus de textes canoniques, dits « exotériques » (du grec *exo*, « extérieur »). Ils s'adressent indifféremment à tous les fidèles, par opposition aux enseignements ésotériques de

La Papesse, réservés aux seul·e·s initié·e·s. Ils font du respect des valeurs morales chrétiennes et de la soumission à l'autorité pontificale une voie d'accès vers le divin.

Il faut cependant noter qu'en mettant Le Pape en couple avec La Papesse (II) – contre toute vérité historique –, les maîtres cartiers du tarot s'éloignent du dogme de l'Église. Ce qui peut être une manière, pour eux, de suggérer – sans rejeter la voie ni les enseignements officiels, accessibles à tous les fidèles, prônés par Le Pape – qu'il existe une autre voie d'accès au divin et d'autres savoirs de type ésotérique, dont La Papesse (II) est la dépositaire. Loin de les opposer, le tarot souligne ainsi la complémentarité de ces deux voies d'accès au divin, à travers le couple sacerdotal du Pape (V) et de La Papesse (II). Ils symbolisent, ensemble, une unité retrouvée au service d'un idéal élevé.

Certains tarots (le Rider/Waite, par exemple) assimilent Le Pape à l'« Hiérophante », nom donné au grand prêtre qui, dans l'Antiquité grecque, présidait aux rites initiatiques des religions à mystères. Cette appellation enlève à l'arcane du Pape sa connotation catholique, ce qui a une incidence importante sur sa signification. Car bien que L'Hiérophante et Le Pape exercent, tous les deux, des fonctions religieuses, leur domaine d'exercice diffère. L'action de L'Hiérophante se déploie dans une tradition initiatique secrète, alors que Le Pape transmet officiellement les enseignements de l'Église et rassemble autour de lui le plus grand nombre de fidèles. La fonction de L'Hiérophante s'apparente donc davantage à celle de La Papesse qui, rappelons-le, est l'arcane d'une connaissance ésotérique, réservée aux initié·e·s, usant du dévoilement et de l'inspiration comme moyens d'investigation du sacré. L'appellation d'Hiérophante à la place de Pape fait d'une certaine façon double emploi avec La Papesse. Elle ne peut donc pas convenir.

Invitation du Pape

Le Pape invite à ne pas se laisser enfermer dans le conformisme matériel, mais à se relier à la dimension plus vaste de l'amour et de la spiritualité. Il incarne une figure masculine paternelle, à la fois bienveillante et protectrice, qui prodigue ses conseils comme le fait un·e guide ou un·e directeur·rice de conscience. Il invite à l'altruisme et à l'oubli de soi.

Le domaine d'action du Pape est le religieux (qui, étymologiquement, dérive du verbe « lier »). Il invite à rechercher l'union avec la communauté des hommes et à dépasser une vision matérialiste du monde, au profit d'aspirations plus élevées.

Ombre du Pape

Le dogmatisme (pouvant aller jusqu'au sectarisme) correspond à l'aspect négatif du Pape. Il se manifeste par la conviction de détenir la vérité (quel que soit le domaine concerné), sans laisser place au doute, à l'esprit critique ou au sens de la relativité. Le Pape dénie aux autres la liberté d'avoir une opinion ou des croyances différentes. Il jette l'anathème et pratique la stigmatisation, l'exclusion ou l'excommunication.

Le Pape et nous

Homme d'expérience et protecteur, Le Pape nous transmet sa sagesse, sa compassion et sa bienveillance. Il nous ouvre l'esprit vers un niveau de conscience élevé.
Lorsque Le Pape est présent dans notre jeu, nos relations amoureuses et amicales sont harmonieuses, et nos sentiments, sincères, grâce au dialogue de paix qui nous enveloppe.
Le Pape nous invite à franchir les étapes nécessaires à notre épanouissement spirituel. Il est le refuge dans les tempêtes de la vie.

Dans un Tirage

Sens général

Le Pape invite à dépasser une vision matérialiste de la vie et à accepter l'inattendu ou l'imprévu comme une chance. C'est une sorte de *joker*. Il ouvre des perspectives nouvelles à qui sait les saisir, à condition que cela soit sous le signe de l'union avec les autres et au service d'un idéal élevé.

Plan personnel

Le Pape incarne une figure paternelle, bienveillante et protectrice grâce à une parole qui rassure, guérit, oriente et guide. Sa présence dans un tirage peut indiquer la nécessité d'aller chercher de l'aide auprès d'un·e enseignant·e, d'un·e thérapeute, d'un·e médiateur·rice ou de toute autre personne susceptible d'offrir écoute, soutien et éventuellement conseils. Il peut inviter à se connecter à la part de soi consciente, aimante et rassurante, pour s'ouvrir à l'inconnu et grandir.

Plan spirituel

Le Pape invite à cultiver le silence intérieur, à se mettre à l'écoute de ses aspirations les plus élevées pour s'engager dans la voie de l'amour et la quête du divin.

VI – L'Amoureux ou le choix et l'engagement

L'arcane six du tarot de Marseille représente un jeune homme, surmonté d'un Cupidon ailé armé d'une flèche, face à deux jeunes femmes qui sollicitent, toutes les deux, son attention. La scène peut évoquer un épisode de la mythologie gréco-romaine connu sous le nom du « choix d'Hercule ». Une fois son éducation terminée, le jeune héros rencontre, à un croisement de routes, deux jeunes femmes, nommées Plaisir et Vertu. Plaisir incarne la recherche du plaisir des sens et de l'amour, source de satisfactions immédiates mais éphémères, et Vertu, la quête austère d'une gloire future. Hercule choisit de suivre Vertu et réalise les exploits qui assureront sa notoriété pour la postérité. Il fait ainsi un choix déterminant qui engage sa vie et sa destinée, ce qui correspond au message transmis par l'arcane de L'Amoureux.

Certains tarots nomment parfois cet arcane « Les Amants », représentés par un couple également surmonté d'un Cupidon. Mais que l'arcane mette en scène un jeune homme face à deux jeunes femmes ou un couple d'amoureux, l'arcane VI concerne toujours les relations amoureuses, d'autant que Cupidon est le fils de Vénus, la déesse de l'Amour.

L'enfant Bateleur est désormais devenu adolescent (même costume bariolé et même blondeur). Une fois son éducation achevée, il s'ouvre à la découverte de l'amour et choisit d'y consacrer sa vie.

Le nombre six

Étymologiquement, « six » et « sexe » ont la même racine. L'arcane six de L'Amoureux concerne le domaine de la vie amoureuse et inclut la sexualité, ce qui signifie que la voie du tarot n'est pas une voie d'ascétisme. Le message de l'arcane va cependant au-delà d'une simple incitation au plaisir des sens, car le nombre six est aussi le nombre dédié à l'harmonie, la beauté et l'amour.

Le nombre six est celui du sceau de Salomon. Il représente une étoile à six branches, constituée par l'imbrication de deux triangles inversés, dont l'un a la pointe orientée vers le haut et l'autre vers le bas. Cette figure géométrique, dont les représentations les plus anciennes datent de quatre mille ans avant notre ère, symbolise l'harmonisation des principes opposés obtenue par le dépassement des oppositions qui la constituent, particulièrement celles du masculin et du féminin. Une énergie nouvelle peut alors naître de leur complémentarité, comme l'union de l'eau et du feu libère l'énergie de la vapeur.

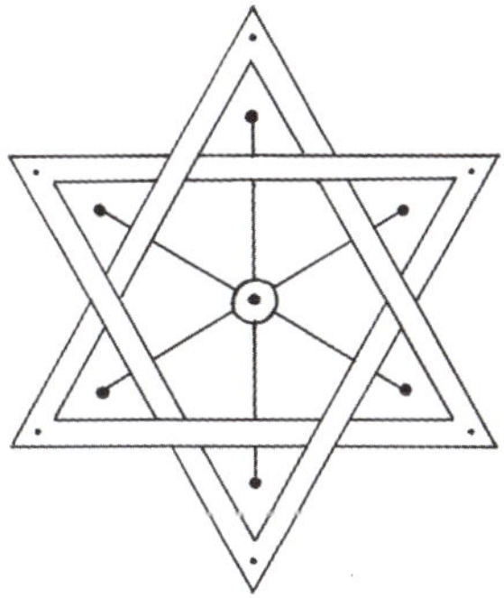

Le sceau de Salomon

Interprétation symbolique de L'Amoureux

La connotation amoureuse de l'arcane six laisse penser que l'amour ouvre une voie vers un état de conscience supérieur. Lorsqu'il est sublimé, il devient un chemin vers le divin (y compris dans son aspect sexuel). C'est le message de l'amour courtois chanté par les troubadours du Moyen Âge et par les poètes de la Renaissance. Ils décrivent l'amour entre un homme et une femme comme le premier degré de la voie qui conduit à l'amour divin. C'est aussi le message transmis par le *tantra*, pratique initiatique sacrée à la fois physique et spirituelle. Cette conception de l'amour sert de terreau au message de L'Amoureux.

Invitation de L'Amoureux

Comme Pétrarque et Laure, Dante et Béatrice et, avant eux, les amants courtois de la *fin'amor*, L'Amoureux du tarot est invité à s'engager, corps et âme, dans la voie de l'amour et à lui consacrer sa vie. Cet élan amoureux doit cependant être dépouillé de sa dimension possessive pour tendre vers une conception plus élevée de l'amour, seule capable de combler le besoin d'élévation et de fusion avec le divin qui s'exprime à travers lui.

Car l'expérience amoureuse rapproche l'être du mystère de la création. Elle ne se limite pas aux relations sexuelles, mais se caractérise par une ouverture du cœur. Elle invite à rechercher la beauté dans toutes les relations humaines et toutes les créatures vivantes – végétales et animales –, mais aussi dans les arts, la culture et tout ce qui élève l'âme et permet de cultiver l'harmonie, en soi et autour de soi.

Prière Navajo

Maintenant va de l'avant comme quelqu'un qui a la longue vie,
Va de l'avant comme quelqu'un qui est heureux,
Va avec le bonheur et la longue vie,
Va mystérieusement.

Pour les Indiens Navajos, marcher dans la beauté, principalement celle de la Nature, est un chemin spirituel, en harmonie avec l'Univers.

L'arcane affirme le libre arbitre de L'Amoureux qui, pour la première fois, choisit, en conscience, l'orientation qu'il veut donner à sa vie en s'engageant dans la voie de l'amour.

Ombre de l'Amoureux

L'amour conditionnel, la possessivité, la jalousie ou encore le chantage et la manipulation sont les manifestations de l'aspect négatif de L'Amoureux.

L'arcane peut suggérer l'immaturité affective (L'Amoureux est encore un adolescent). Cette absence de confiance en soi peut aussi révéler la peur d'aimer, par crainte de souffrir et empêcher de vivre des relations basées sur l'acceptation et le respect de l'autre, particulièrement dans la relation amoureuse.

L'Amoureux peut encore mettre en lumière les doutes qui empêchent de faire des choix engageant sa vie. Car tout choix entraîne un renoncement, et il ne peut exister de choix sans renoncement librement accepté – sous peine de frustration.

L'Amoureux et nous

L'Amoureux nous encourage à prendre nos décisions en conscience, dans l'ouverture du cœur, sans subir les influences de nos vies passées, de notre famille et de la société. Il nous invite à être libres et à vivre intensément en saisissant toutes les opportunités de manifester les élans de notre cœur. De nos choix dépend notre progression.

Dans un tirage

Sens général

L'Amoureux est l'arcane du choix et de l'engagement. Lorsqu'il se présente dans un tirage, c'est pour indiquer que la personne se trouve devant la nécessité de prendre une décision qui engage sa vie. Il peut s'agir d'une relation amoureuse, ou plus largement d'une situation où elle est invitée à suivre l'élan de son cœur et à rechercher ce qui peut lui procurer le plus de plaisir et de satisfaction.

Plan personnel

L'arcane de L'Amoureux invite à cultiver l'harmonie en soi, autour de soi et avec les autres, particulièrement dans ses relations amoureuses, ce qui n'est possible que lorsqu'on a pacifié les conflits qui existent en soi. Pour aimer et accepter l'autre dans toute sa complexité, il faut d'abord s'aimer et s'accepter soi-même.

Plan spirituel

L'Amoureux invite à s'engager dans la voie de l'ouverture du cœur comme dans une voie spirituelle menant à la fusion avec les énergies supérieures de l'Amour et de la Beauté.

VII - Le Chariot ou le permis de conduire

L'arcane VII du Chariot met en scène un jeune prince portant sceptre et couronne. Il ressemble fort au Bateleur et à L'Amoureux des arcanes I et VI. Mais il semble, une nouvelle fois, avoir changé d'apparence. Il a l'air plus mûr. On peut penser qu'il a vécu un certain nombre d'expériences qui l'ont conduit au succès, car il est représenté comme un jeune prince triomphant sur son char.

Le motif du triomphateur sur son char était fréquent sur les bas-reliefs antiques. Il mettait en scène Alexandre le Grand ou des généraux romains vainqueurs qui défilaient au Capitole, sous les ovations du peuple, suivis par leurs prisonniers enchaînés. Notons encore qu'à l'origine les cartes du jeu de tarot étaient connues sous le nom de « triomphes » (de l'italien I trionfi, *recueil de poèmes de Pétrarque écrit vers 1360, à l'époque où apparaît le tarot). Cette œuvre, profondément chrétienne et nourrie d'héritages antiques, eut un succès considérable. Le recueil fut illustré à plusieurs reprises sous la forme de vitraux et d'enluminures qui ont beaucoup de similitudes avec l'arcane du Chariot. Ces ressemblances permettent de mesurer ce que le tarot de Marseille doit à la pensée et à l'iconographie de la Renaissance.*

L'arcane VII du Chariot évoque aussi l'image allégorique du conducteur de char, présente dans l'Antiquité grecque, particulièrement chez Platon. Dans le dialogue de Phèdre, *le philosophe développe l'allégorie du char ailé de l'âme, tiré par deux chevaux dans deux directions contraires. Le cheval qui monte est blanc et aspire au ciel. Il correspond à la couleur bleue du cheval du tarot, qui est la couleur de l'esprit et de la spiritualité. Celui qui descend est noir, attiré vers la terre, et correspond à la couleur rouge symbolisant les passions et les pulsions. D'où la nécessité pour l'âme, qui est le cocher, de prendre les rênes des chevaux. Elle doit, pour y parvenir, acquérir la maîtrise de ses émotions et de ses pulsions (symbolisées par les chevaux,) de façon à diriger son char vers le ciel qui symbolise l'élévation spirituelle. Plus proche de nous, on retrouve cette allégorie chez le philosophe ésotérique d'origine arménienne Georges Gurdjieff. Cette pérennité témoigne de sa richesse symbolique qui traverse les âges et les cultures.*

Le nombre sept

Le nombre sept indique une totalité accomplie, comme les sept jours de la semaine ou les sept couleurs de l'arc-en-ciel. Il marque l'accomplissement d'un processus. Ne dit-on pas que l'âge de raison commence à sept ans ? Le nombre sept de l'arcane indique que le conducteur du chariot est arrivé au terme du premier cycle de son évolution. Sa réussite dans le monde est accomplie. C'est un jeune prince, fils de L'Empereur et de L'Impératrice, parrainé par Le Pape et La Papesse. Il connaît la plus grande gloire, puisqu'il est représenté en triomphateur sur son char.

Mais le nombre sept symbolise aussi un temps privilégié de repos, de retour sur soi, de silence intérieur et de prière. Dans la Bible, l'univers est créé en six jours, et le septième est celui où Dieu se retire de sa création pour la contempler. De même, tous les sept ans, la terre est laissée en repos, sans être cultivée, pour une année sabbatique de régénération. Ainsi, ce temps d'arrêt – imposé au jeune prince par la symbolique du nombre sept – suggère qu'il doit maintenant s'arrêter et prendre un temps de réflexion pour définir de nouveaux objectifs et en doter son action.

Ce temps de retour sur soi est d'autant plus nécessaire que, lorsqu'on observe l'arcane, on constate que le chariot ne peut plus avancer : les chevaux tirent dans des directions opposées, et les roues sont bloquées. De plus, le conducteur ne tient pas les rênes de son chariot. Malgré sa posture triomphante, le jeune conducteur de l'arcane VII est dans une situation paradoxale. Il est arrêté dans son mouvement au moment même où il semble parvenu à la plus grande des réussites sociales et matérielles.

Signification symbolique du Chariot

Le Chariot met en scène une allégorie du char où le conducteur représente la raison, le char symbolise le corps, et les deux chevaux incarnent les pulsions et les émotions que le cocher doit maîtriser pour faire avancer son véhicule. L'arcane VII invite explicitement à acquérir la maîtrise de sa vie en dominant ses passions et ses instincts.

Mais il possède aussi une signification symbolique suggérée par les lettres S et M observables sur le chariot du jeune prince. Au-delà d'une lecture littérale des initiales de « Sa Majesté » se référant au statut royal du conducteur du chariot, elles peuvent être interprétées dans une perspective alchimique : la lettre S est l'initiale du principe du Soufre (que les alchimistes considéraient comme un principe actif et expansif), et la lettre M, celle du Mercure, représente un principe passif et réceptif. Les principes du Soufre et du Mercure entraient dans le processus de transmutation du Grand Œuvre, où il ne s'agissait pas seulement de transformer le plomb en or, mais davantage de s'élever intérieurement, du plan matériel au plan spirituel.

Cette référence discrète à l'alchimie peut être une façon masquée, pour les maîtres cartiers à l'origine du tarot, de souligner que le jeune prince maîtrise désormais parfaitement la voie active du Soufre qui, symboliquement, est celle de l'action sur le monde conduisant à la réussite triomphale du Chariot. Mais ils suggèrent, en même temps, que le moment est désormais venu, pour lui, d'explorer la voie complémentaire du Mercure, dont l'initiale – M – est aussi inscrite sur le chariot. Les deux épaulettes en forme de demi-lune que le conducteur du Chariot porte sur son costume pourraient être un indice confirmant cette interprétation, car la Lune est le symbole alchimique du Mercure. Cette voie est celle de l'être, de l'intériorité et de l'intuition. Au cours de son cheminement, le Chariot y a déjà été initié par La Papesse (II). Il lui faut maintenant s'y engager avec détermination et donner un sens et une direction à son action, de façon à lever le voile de l'illusion qui est encore au-dessus de sa tête, sous la forme du dais constellé d'étoiles qui couvre son char.

Invitation du Chariot

Compte tenu de la posture triomphante du conducteur du Chariot, l'arcane représente l'archétype du héros invité à dépasser ses limites et à se lancer de nouveaux défis pour créer sa propre légende. Aussi Le Chariot invite-t-il à faire preuve de courage pour partir en quête de sa réalisation personnelle la plus accomplie, sans crainte d'explorer de nouveaux territoires ni de se lancer dans de nouvelles aventures.

On appelle parfois cette carte le « permis de conduire du tarot », car il est bien question, dans l'arcane VII, d'un véhicule qu'il s'agit de conduire. Si, de nos jours, le permis de conduire est un document administratif qui donne l'autorisation légale de conduire une voiture, dans le cadre du tarot, cette autorisation ne peut venir que de soi. Aussi le Chariot invite-t-il à s'autoriser à aller dans la direction vers laquelle on veut aller en se donnant les moyens d'y parvenir, faute de quoi le conducteur risquerait d'enliser son chariot et de ne plus avancer.

Ombre du Chariot

En tant qu'archétype du héros, le risque majeur que court le conducteur du Chariot est celui de devenir victime de son ego ou de se contenter de ses succès en vivant sur ses acquis. Ce faisant, il renoncerait à l'attitude héroïque de la quête qui implique de dépasser ses limites. Cette posture le condamnerait à une forme d'immobilisme ou de répétition, en contradiction avec l'invitation de l'arcane.

Le Chariot et nous

Le Chariot nous guide vers la réussite. Il ouvre la voie qui allie le spirituel et l'action. Cultivons la confiance en nous et la détermination pour chevaucher en paix. Avec Le Chariot, il n'y a aucune limite dans ce voyage vers l'épanouissement.

Dans un tirage

Sens général

Le Chariot est un arcane de réussite, de succès et de mise en mouvement (qui peut parfois littéralement suggérer un voyage). Il invite à réfléchir à l'orientation qu'on veut donner à sa vie et/ou à fixer clairement les objectifs qu'on veut atteindre (réussite sociale, professionnelle ou matérielle, mais aussi équilibre, sagesse et épanouissement) tout en se donnant les moyens de les atteindre par une action créatrice.

Plan personnel

L'arcane invite à acquérir la maîtrise de sa vie en contrôlant ses pulsions, ses instincts et ses émotions, grâce à un travail sur soi. Il invite à s'autoriser à aller dans la direction où on veut aller, en dépassant ses peurs et ses doutes, en devenant responsable de sa propre vie.

Plan spirituel

C'est un arcane qui fait la jonction entre le matériel et le spirituel, comme le suggère l'allégorie du conducteur du char dont un des chevaux s'élève vers le ciel, alors que l'autre se dirige vers la terre. Le Chariot invite à s'engager plus avant dans sa quête spirituelle en se mettant à l'écoute de son cœur, de son intuition, sans craindre de s'engager dans une voie mystique.

2. Le cycle des choix éthiques et des premières épreuves : *de La Justice (VIII) à Tempérance (XIIII)*

Le second cycle des majeurs commence avec l'arcane de La Justice (VIII) et s'achève avec Tempérance (XIIII). Dans ce cycle, l'évolution du jeune homme blond dont nous suivons les métamorphoses depuis l'arcane du Bateleur se poursuit. Il va être confronté à sept nouveaux arcanes, parmi lesquels se trouvent les quatre vertus cardinales – La Justice (VIII), L'Hermite (VIIII), La Force (XI) et Tempérance (XIIII) –, ainsi que trois arcanes de transformation – La Roue de Fortune (X), Le Pendu (XII) et l'Arcane sans nom (XIII). Ces arcanes vont lui permettre de définir le cadre éthique de sa vie et de continuer à progresser dans la voie du tarot.

En intégrant les vertus cardinales aux arcanes majeurs, le tarot s'inscrit dans une longue tradition à la fois philosophique et religieuse. Dès l'Antiquité, de nombreux philosophes, comme Platon et les stoïciens, avaient souligné l'importance des vertus cardinales en tant que pivots (cardinal vient de « charnière ») permettant de définir un cadre éthique de bonne conduite. Elles diffèrent en cela des vertus dites « théologales » qui ont Dieu pour objet. Les vertus cardinales sont des notions humaines et sociales, assez pragmatiques, à l'intersection de plusieurs disciplines telles que la philosophie, la religion, la politique et la morale. Elles s'acquièrent par la volonté, l'éducation et la pratique. Elles guident l'action tout en permettant de mener une vie moralement bonne. Elles offrent, en prime, de la joie, dit Platon, alors que saint Thomas parle, quant à lui, de « morale du bonheur » basée sur le respect des vertus.

Traditionnellement, chaque vertu est associée à un ou plusieurs objets facilement identifiables : la balance et l'épée pour La Justice (VIII) et les deux récipients d'eau transvasés l'un dans l'autre pour Tempérance (XIIII). En revanche, le tarot prend des libertés avec la tradition en ne retenant pas les attributs traditionnels de La Force (XI) que sont la couronne et/ou le glaive et en masquant la quatrième vertu cardinale, habituellement appelée « Prudence » ou « Sagesse », sous les traits de L'Hermite (VIIII) qui incarne une forme de connaissance liée à l'expérience.

La vertu Prudence/Sagesse est parfois représentée sous les traits d'une jeune femme scrutant le présent en se regardant dans un miroir, alors que l'arrière de sa tête est un vieillard – symbolisant le passé – qui ressemble à L'Hermite. C'est ainsi qu'elle est représentée dans la fresque du Vatican peinte par Raphaël, en 1511, intitulée *Les Vertus cardinales* ou dans la sculpture qui orne le tombeau de François II dans la cathédrale de Nantes.

Ces vertus préconisent des règles de conduite morales. Elles permettent au cheminant dans la voie du tarot de définir les valeurs morales à respecter pour affronter sereinement les épreuves inhérentes à toute existence humaine. Elles contribuent, en outre, à accroître sa compréhension de la vie et des lois de l'univers, que lui enseignent La Roue de Fortune (X), Le Pendu (XII) et l'arcane XIII.

On peut considérer le deuxième cycle du tarot comme une sorte de noviciat. Dans de nombreuses traditions initiatiques, il constitue une période intermédiaire entre le moment où l'aspirant·e s'engage dans une voie et celui où il·elle la maîtrise et devient un·e initié·e à part entière. Il pourrait correspondre à l'âge adulte, situé entre la jeunesse et la maturité accomplie. Au cours de ce cycle, l'apprenti initié se transforme psychologiquement. Il mûrit et acquiert une expérience de la vie qui le conduit, progressivement, vers la sagesse. Il évolue et passe de la voie active du faire – qui est celle de l'action, nécessitant décision et détermination – à celle de l'être, davantage orientée vers l'introspection et l'intériorité.

La voie active du faire est souvent qualifiée de « masculine », et celle de l'être, de « féminine », ce qui ne veut – en aucun cas – dire que la voie active/masculine du faire serait réservée aux hommes, pas plus que la voie passive/féminine de l'être ne le serait aux femmes. En effet, indépendamment d'une polarité physique plus marquée vers le masculin ou le féminin selon leur sexe biologique, les hommes et les femmes se définissent par les mêmes processus physiologiques, psychologiques et mentaux. Ils se répartissent entre des types psychologiques plutôt extravertis, en prise sur le monde – expériences concrètes qui correspondent à la voie active du faire, dite « masculine » –, ou plutôt introvertis, tournés vers l'intériorité, l'intuition ou les sentiments – à l'œuvre dans la voie de l'être, dite « féminine ». Ces types de personnalités se trouvent également partagés entre les hommes et les femmes. Ils varient selon les âges et les circonstances de la vie.

L'enjeu de toute évolution individuelle consiste à expérimenter et accueillir toutes les composantes dites « masculines » ou « féminines » de sa personnalité, dans un processus d'harmonisation et d'intégration de ces polarités opposées et complémentaires.

Cette harmonisation concerne aussi nos sociétés, car on voit à quels déséquilibres et abus conduisent celles qui valorisent et privilégient la composante exclusivement masculine de leur population, en octroyant aux femmes un statut subalterne et dépendant.

VIII - La Justice ou la nécessité de faire usage de son discernement

La Justice est le premier arcane porteur de valeurs morales que rencontre l'apprenti initié au début du second cycle du tarot. Elle possède les mêmes attributs que la déesse grecque de la Justice, Thémis, avec laquelle elle est souvent confondue : la balance et l'épée. En tant que fille de Gaïa et d'Ouranos, Thémis est une déesse primordiale, une Titanide, qui participe d'un ordre plus ancien que celui des divinités de l'Olympe. Elle ne prend jamais part aux différends (fréquents) qui les opposent aux hommes ou aux femmes, sauf quand l'ordre du monde est menacé par le chaos ou l'hybris (dans l'antiquité grecque, notion correspondant à la démesure et à tous les sentiments violents dictés par la passion ou l'orgueil).

Thémis/La Justice intervient alors pour préserver l'homme et la femme d'eux-mêmes. Elle les oblige à se modérer et/ou à se transformer afin de maintenir l'équilibre entre eux, le monde et le cosmos.

Le nombre huit

Dans de nombreuses traditions, huit est considéré comme un nombre sacré. En Chine et au Japon, c'est un chiffre très bénéfique. Dans certaines cosmogonies, comme celle des Dogon du Mali, il symbolise l'équilibre parfait entre le monde spirituel et le monde matériel.

Le nombre huit est un nombre à la fois pair et passif. Le fait qu'il s'obtienne en multipliant quatre par deux suggère un renforcement de la symbolique de stabilité du quatre de L'Empereur. Mais la graphie du huit, à l'horizontale, correspond aussi au signe mathématique de l'infini (∞), la lemniscate, qui met l'homme et la femme en relation avec le cosmos et invite à associer le nombre huit au transcendantal. Le nombre huit est un symbole de médiation entre le terrestre et le divin.

Les deux tiers des fonts baptismaux construits en Europe entre le XIe et le XVIe siècle sont de forme octogonale, c'est-à-dire qu'ils possèdent huit côtés et font la médiation entre le cercle, associé au ciel, et le carré, symbole de la terre, ce qui est une façon de suggérer l'idée du passage du monde terrestre au plan céleste s'effectuant au moment du baptême.

Interprétation symbolique de La Justice

Les attributs de La Justice sont la balance et l'épée. La balance lui sert à peser les différents éléments d'une situation pour parvenir au point d'équilibre qu'indique le fléau. Elle le fait objectivement, sans passion, avec impartialité (elle est souvent représentée les yeux bandés). Une fois son jugement rendu, l'épée qu'elle tient dans sa main lui permet de trancher sans état d'âme et avec rigueur, en posant des actes clairs et sans ambiguïté.

L'épée est une arme qui, lorsqu'elle est au service d'un idéal, permet de combattre l'injustice. C'est l'arme qu'utilisent les chevaliers, ainsi que l'archange saint Michel terrassant le dragon, présent dans de nombreuses traditions. L'épée symbolise alors la lutte contre les forces du mal qui, dans la culture occidentale, est souvent représenté sous la forme d'un dragon incarnant les démons intérieurs, les instincts et les pulsions non maîtrisées qui ont leur siège dans l'inconscient.

De plus, l'Épée est le symbole d'une des quatre couleurs des mineurs, associée à l'élément Air. Nous reviendrons plus tard sur la symbolique des mineurs. Pour l'instant, retenons que l'Air représente la sphère de l'esprit et de la pensée. L'épée de La Justice symbolise alors la capacité intellectuelle à analyser objectivement une situation. Choisir d'utiliser l'épée, c'est choisir d'utiliser la voie de la raison, de la lucidité et de la pleine conscience.

Invitation de La Justice

En tant que première des quatre vertus cardinales à apparaître dans le tarot, La Justice invite à mettre de l'ordre dans sa vie. C'est un arcane de prise de conscience et de discernement. Il sollicite la clarté et la lucidité de l'esprit. La Justice invite à se libérer de toute forme de subjectivité et d'émotivité conduisant au pathos (terme venant du grec signifiant « émotion cause de souffrance ») ou à l'excès et la démesure (en grec : *hubris*), toujours causes de désordre et de déséquilibre, tant sur le plan individuel que social. Pour cela, il est nécessaire de définir une éthique à laquelle conformer sa vie pour préserver l'équilibre, l'ordre et l'harmonie du monde. L'arcane huit incite à poser des actes justes, ayant des effets concrets. Une Justice qui se contenterait d'énoncer des jugements, sans agir, serait inefficiente.

C'est en se mettant au service de la Justice que l'aspirant initié pourra progresser vers la maîtrise de sa vie. C'est pour cette raison que le tarot classe cette vertu cardinale avant les autres, dans l'ordre numérique de leur apparition, indiquant par là qu'il en fait le préalable de toute évolution.

Ombre de La Justice

L'aspect négatif de La Justice se manifeste par une forme de rigidité et de froideur. Sûre de son bon droit, elle a une haute idée de sa fonction. Elle émet des jugements et tranche. Elle se méfie de ses émotions et de ses ressentis, qu'elle considère comme des faiblesses. Elle accepte difficilement de revenir sur un jugement porté et de reconnaître ses erreurs.

La Justice et nous

La rigueur de La Justice, sa droiture,
ne doivent pas nous faire oublier la justesse de son jugement.
Elle nous rappelle à l'ordre de façon subtile, avec intelligence
et lucidité. Elle met à nu les valeurs qui nous animent,
face à nos responsabilités et aux conséquences de nos actes.

La Justice a un fabuleux pouvoir de transformation et de croissance, si nous écoutons ses enseignements.

Dans un tirage

Sens général

La justice invite à aller au-delà des apparences en examinant avec lucidité les causes profondes de la situation dans laquelle on se trouve, en prenant en compte tous ses aspects ainsi que les points de vue de tou·te·s les intervenant·e·s. La Justice est un arcane de prise de conscience. Elle invite à « peser le pour et le contre », à « faire la part des choses », autant d'expressions qui suggèrent l'équité et l'impartialité avec laquelle elle procède. En revanche, une fois la situation analysée et les conclusions tirées, elle invite à agir avec clarté et détermination, sans tergiverser.

Parfois, l'arcane est à interpréter à son niveau littéral et peut indiquer que le·la consultant·e a affaire à la justice sous forme de procès devant les tribunaux.

Plan personnel

La notion d'impartialité de La Justice implique autant d'être juste avec les autres que de l'être avec soi-même. Ce qui nécessite d'assumer la responsabilité de ce que l'on vit sans la rejeter sur les autres, en sortant des rôles de victime, sauveur ou bourreau. (Les rôles de victime, de sauveur et de bourreau sont analysés par Guy Corneau dans *Victime des autres, bourreau de soi-même*, J'ai Lu, 2004.)

Pour y parvenir, l'arcane VIII invite à chercher les causes profondes de ses actes (qui peuvent être inconscientes) et à les examiner avec lucidité et objectivité. L'épée sert à couper le superflu, c'est-à-dire à trancher tout ce qui entrave et empêche d'évoluer.

Plan spirituel

La Justice invite à s'engager dans la voie exigeante de la vérité et de l'action juste qu'elle symbolise en accordant avec soi ses actes, ses convictions et ses aspirations.

VIIII - L'Hermite ou la sagesse intérieure

L'Hermite est le neuvième arcane du tarot. Il représente un vieillard cheminant avec une lanterne et un bâton. Il correspond à la vertu cardinale appelée Sagesse ou Prudence. Les Maîtres Cartiers du tarot ont préféré lui donner l'apparence et le nom d'Hermite (avec un h *selon une ancienne orthographe du nom « ermite »).*

L'Hermite était une figure familière de la société et de la littérature médiévale. C'était une personne, souvent un moine, ayant fait le choix d'une vie solitaire et ascétique vouée à la prière et la méditation. L'érémitisme (terme employé pour désigner le mode de vie choisi par les ermites) était déjà pratiqué dans l'Inde ancienne, et on le trouve aussi dans la Bible. Il peut prendre soit la forme d'une résidence solitaire dans un ermitage situé dans une forêt ou un endroit retiré (appelé « désert »), soit celle d'une vie errante, un « vagabondage pieux » destiné à briser les liens d'attachement à un lieu, avec pour objectif de se consacrer entièrement à une quête spirituelle. Ces ermites étaient souvent vénérés par les populations locales qui leur donnaient à manger en échange de prières, de bénédictions et parfois aussi de remèdes.

Sur l'arcane VIIII, le serpent dressé devant le bâton de L'Hermite permet de rapprocher cette figure d'Esculape, dieu grec de la Médecine, souvent représenté debout et tenant à la main un bâton autour duquel est enroulé un serpent. L'association du bâton et du serpent met en lumière son rôle de guérisseur ainsi que sa sagesse et ses connaissances (dont le serpent est le symbole). Elle peut aussi évoquer le « caducée » de Mercure/Hermès, patron des alchimistes, dont l'influence est importante dans le tarot.

La figure de L'Hermite errant de l'arcane VIIII est proche de celle du pèlerin, fréquente à la même époque, qui quitte tout pour se rendre, à pied, vers un lieu de dévotion. Pour l'ermite errant ou le pèlerin, le voyage est aussi important que le but, car il permet de méditer, de se rapprocher de Dieu (ou de racheter ses fautes, lorsqu'il est entrepris pour les expier). Il y parvient grâce à la vertu de la marche qui se transforme en pratique pieuse.

La figure du vieil homme cheminant sur la route avec un bâton était donc immédiatement déchiffrable au Moyen Âge, comme un symbole de détachement et de foi. Elle se confond aujourd'hui avec celle d'un homme âgé et bienveillant que C. G. Jung appelle « l'homme sage » ou « le vieux sage », dont l'expérience et les connaissances, acquises au cours de sa vie, lui permettent d'aider et de guider les autres. Cette figure archétypale d'un homme sage faisant preuve de sagesse et de prudence incarne les valeurs morales attachées à cette vertu cardinale.

Le nombre neuf

Phonétiquement, le nombre neuf s'entend *neuf* dans le sens de « nouveau ». C'est le dernier chiffre de la série des unités préparant et annonçant les dizaines. Neuf est donc à la fois associé à une fin et à un commencement, comme les neuf mois de gestation d'un être humain s'achèvent avec sa naissance : le fœtus se transforme alors en bébé et commence une nouvelle période de sa vie.

Dans de nombreuses traditions, neuf est le nombre de l'initiation et du voyage intérieur. Il se vit souvent sous la forme d'une crise permettant le passage d'un état vers un autre, comme une grossesse s'achève dans les douleurs de l'enfantement. Les périodes sous le signe du neuf ne sont pas nécessairement confortables à vivre, mais elles sont salutaires. Ce sont des périodes de transition. Elles permettent le passage de l'ancien au nouveau. Elles nécessitent souvent du temps.

Dans la mythologie grecque, le temps est associé au dieu Saturne/Cronos, souvent représenté sous la forme d'un vieillard qui pourrait être L'Hermite – ce qui met en lumière les affinités que cet arcane entretient avec la notion de maturité et de temps.

Interprétation symbolique

L'Hermite incarne une voie de sagesse et de quête solitaire, détachée des passions et du monde. Une voie d'initiation, c'est à la fois une direction à suivre et un moyen d'y accéder.

C'est le but et le moyen confondus. Suivre une voie d'initiation ne se résume cependant pas au respect de préceptes moraux ou religieux. C'est une démarche individuelle qui engage entièrement l'être qui s'y aventure.

L'Hermite choisit de cheminer dans la solitude, à l'écart de toutes les institutions religieuses et congrégations régies par des règles monacales ou professant des dogmes et des enseignements officiels. C'est un éclaireur qui ouvre une voie en invitant à l'imiter et s'engager dans la même quête que lui. Elle consiste à trouver sa voie en traçant son chemin, à la lumière d'une lanterne qui métaphoriquement dissipe les ténèbres de l'ignorance et permet d'accéder à la connaissance. Or, depuis La Papesse (II), nous savons que cette connaissance n'est ni livresque ni rationnelle, mais qu'elle relève de la sagesse intuitive. L'Hermite incarne ce mode de connaissance, comme une attitude visant à se transformer en s'intériorisant.

Invitation de l'Hermite

En tant qu'archétype du « vieux sage » ayant acquis connaissance et expérience, L'Hermite est un guide spirituel auprès de qui prendre conseil, tout comme Le Pape (V). Mais, à la différence de ce dernier, il ne prétend pas rassembler autour de lui des fidèles. Il invite, au contraire, à se mettre à l'écoute de sa propre sagesse en s'octroyant un temps de solitude et d'introspection, de façon à entendre la petite voix intérieure, mélange d'inspiration, d'intuitions ou de prémonitions, qui parle en chacun – pourvu qu'on prenne le temps de l'écouter. Elle correspond à une forme de sagesse intérieure et permet de rencontrer la part la plus intime et secrète de son être pour en recevoir une guidance. On peut aussi l'appeler « guide » ou « maître intérieur ».

Les Grec·que·s appelaient *daïmôn* cette petite voix mystérieuse. Elle guidait Socrate et dictait à Pénélope de défaire, chaque nuit, sa tapisserie pour faire patienter les prétendants au trône avant le retour d'Ulysse.

À l'image des ermites vagabonds médiévaux qui s'en remettaient à la Providence pour prendre soin de leurs besoins essentiels, L'Hermite invite à s'engager dans la voie de l'intériorité et du silence, en renonçant à la recherche de toute forme de réussite matérielle ou de reconnaissance sociale.

Cette voie va cependant requérir chez l'initié d'autres qualités que celles qui lui étaient jusque-là nécessaires. En tant que dernier arcane de la série des unités, L'Hermite montre comment s'y engager. Le fait qu'il soit représenté immobile, comme s'il était en train de contempler le chemin parcouru à la lumière de sa lanterne, peut suggérer de prendre le temps d'intégrer les expériences déjà vécues pour en tirer les leçons.

Tourné vers le passé et enveloppé dans son ample manteau, L'Hermite invite à faire le bilan de sa vie, à accepter les pertes, les séparations et les deuils nécessaires pour se préparer au changement qui s'annonce avec l'arcane suivant, qui introduit le cycle des dizaines. Ce passage obligé correspond à une période de transition dont le cheminant ignore où elle va le mener, mais où il lui faut cependant s'engager, seul, comme L'Hermite avec son bâton de pèlerin.

Ombre de L'Hermite

L'aspect négatif de l'arcane peut correspondre à une forme de conservatisme qui s'oppose au mouvement de la vie et empêche d'évoluer.

L'Hermite peut aussi incarner la complaisance dans la rumination et la remémoration de ce qui a été vécu, non pour apprendre de ses expériences et ne pas répéter les mêmes erreurs ou souffrances, mais par difficulté à se détacher du passé, sous la pression de la force de l'habitude.

L'Hermite et nous

Ce marcheur solitaire, lent et infatigable, en quête de la réalisation de son idéal, se dirige vers la paix intérieure et la connaissance de son moi profond. L'Hermite nous apprend la patience, la douceur de la solitude et le silence profond qui l'accompagne. C'est un guide spirituel discret, concentré et d'une grande sagesse. L'Hermite nous propose un voyage simple et authentique. Acceptons de rayonner intérieurement vers cette nouvelle quête.

Dans un tirage

Sens général

L'Hermite invite à agir avec prudence et sagesse, en prenant un temps d'introspection pour faire le bilan de ce qui a été vécu, avant de s'engager dans une nouvelle voie (ou une nouvelle relation). On peut, pour cela, chercher aide et conseils auprès d'une personne sage ayant connaissance et expérience.

Le temps passé en compagnie de L'Hermite peut paraître long, mais il est nécessaire pour prendre conscience de la signification de certains événements récurrents dans notre vie. L'Hermite est l'arcane de la lenteur et de la solitude (il est associé à Saturne). C'est un arcane de transition, incompressible, incontournable. Il permet au passage de l'ancien au nouveau de l'accomplissement.

Plan personnel

L'Hermite chemine depuis la nuit des temps dans la mémoire de l'humanité. Il enseigne l'art de la transformation intérieure. Elle ne peut s'accomplir que dans le silence et la solitude. L'arcane invite chacun·e à se connecter à sa sagesse intérieure en utilisant les ressources qui sont les siennes et qu'il appartient à chacun·e de découvrir.

Plan spirituel

L'Hermite correspond à une période de crise salutaire qui annonce une nouvelle naissance. À la fois fin et commencement, il ouvre un passage vers l'inconnu en suivant la voie du sage qui est celle du détachement, de la connaissance et de la guidance.

X - La Roue de Fortune ou la loi du Changement

L'arcane représente une machinerie complexe : une roue dotée de rayons, au sommet de laquelle se trouve un petit personnage hybride avec des seins de femme, un corps de lion et des ailes pouvant évoquer une sphinge tenant une épée. De chaque côté de la roue, deux autres personnages très énigmatiques : l'un — à l'apparence simiesque — descend, alors que l'autre monte.

On s'est beaucoup interrogé sur l'identité de ces personnages. Certain·e·s ont pu y voir des représentations appartenant à différentes mythologies (égyptiennes, sumériennes, celtes…). D'autres, des évocations du conscient et de l'inconscient. On peut aussi voir dans la difficulté que nous avons à les interpréter une forme d'« opacité » (pour reprendre le concept de l'essayiste et poète Édouard Glissant). Elle offre une résistance à la compréhension que nous pouvons avoir aujourd'hui de la richesse symbolique du monde médiéval dans lequel est né le tarot. Certains de ses aspects ne nous sont plus accessibles et manifestent ainsi leur altérité radicale en regard de l'époque dans laquelle nous vivons (Poétique de la relation : Poétique III, *Gallimard, 1990).*

Par son nom, l'arcane évoque la déesse de l'antiquité romaine Fortuna (du latin fors, *dans le sens de « sort » et « destinée »). C'était une déesse qui représentait la Chance, bonne ou mauvaise. Son principal attribut était la roue, parfois associée à une corne d'abondance.*

La Roue de Fortune est un arcane lié à la notion de changement. C'est en premier lieu celui du passage des unités aux dizaines. Mais il peut aussi s'agir d'un changement de plan de conscience, mis en mouvement par la crise de l'arcane précédent, L'Hermite, qui initie le passage de la voie du faire à la voie de l'être.

Le nombre dix

Le nombre dix indique la fin de la série des unités et le début de la série des nombres décimaux. Le retour du nombre un (1) au niveau des dizaines annonce qu'un nouveau commencement est en train de se produire. Un cycle vient de s'achever, et un nouveau est sur le point de commencer, sans qu'aucune indication ne nous soit donnée sur la nature – positive ou négative – du changement en cours. Dix se contente d'indiquer qu'un changement est en cours. Aussi, dans un tirage, est-il souvent nécessaire de recouvrir l'arcane par d'autres arcanes (majeurs ou mineurs) qui complètent l'interprétation de La Roue de Fortune.

Interprétation symbolique

L'iconographie de l'arcane était sans doute beaucoup plus parlante pour l'imaginaire médiéval qu'elle ne l'est aujourd'hui. C'était une représentation allégorique très répandue dans les arts et la littérature. Elle évoquait le rouet avec lequel les trois Parques, déesses de la Rome antique, tissaient le fil du destin des hommes et des femmes et figurait les aléas et les souffrances de la vie, ainsi que la nature capricieuse du destin entraînant des changements tantôt bénéfiques tantôt négatifs. Elle servait ainsi à rappeler le caractère éphémère de la vie humaine, en invitant à être humble et à exprimer sa gratitude, lorsque la fortune sourit, et à se tourner vers Dieu dans les périodes de disgrâce.

Cependant, au-delà de ce contexte médiéval et religieux, l'arcane possède un caractère atemporel et universel. Il évoque le processus du changement que les bouddhistes appellent « loi de l'Impermanence » (rien ne peut rester identique, en l'état). Il invite à s'interroger sur le sens des épreuves causées par ces changements, lorsqu'ils sont douloureux et quelle qu'en soit la cause : destin, fatalité ou karma...

Le *karma* est une notion centrale de l'hindouisme et du bouddhisme selon laquelle chacun·e reçoit ce qu'il·elle doit recevoir en fonction de la loi de cause à effet qui régit le monde.

La Roue de Fortune peut, en outre, être interprétée dans une perspective psychologique. La notion de roue ou de cercle suggère alors l'idée de tourner en rond, l'adoption de schémas répétitifs personnels ou générationnels et le fait d'être prisonnier·ère de conditionnements divers, de mémoires anciennes ou encore de nœuds émotionnels non résolus. Ils bloquent l'élan vital, et il est nécessaire de s'en libérer. Se pose alors la question de savoir comment sortir du cycle des répétitions.

Un détail de l'arcane de La Roue de Fortune pose de manière très explicite la question du libre arbitre et du déterminisme dans la destinée humaine. Il s'agit de la petite manivelle fixée sur le moyeu de la roue qui invite à s'interroger sur la responsabilité qui incombe à chacun·e dans la maîtrise de sa vie.

Il est, en effet, impossible d'arrêter le mouvement de la roue qui obéit à la loi universelle de l'Impermanence et du Changement. Cela signifie-t-il pour autant que la roue tourne de façon aléatoire ? Peut-on agir sur son mouvement en actionnant la manivelle ? La réponse n'est pas aisée à donner. La ressemblance de la roue avec un gouvernail (qui permet de diriger un bateau) laisse supposer que le tarot n'exclut pas le fait que l'on puisse intervenir sur le mécanisme de la roue.

Invitation de La Roue de Fortune

La présence de La Roue de Fortune dans un tirage invite à réfléchir sur la façon dont on réagit face aux aléas de la vie en actionnant – ou non – la petite manivelle.

Si on refuse de le faire, la roue risque de continuer à tourner par elle-même, en entraînant dans son mouvement la répétition des mêmes schémas. À l'inverse, si on pense être en mesure d'arrêter son mouvement, La Roue de Fortune aura tôt fait de montrer combien il est illusoire de vouloir maîtriser l'antique et capricieuse déesse Fortuna.

Face à ces deux extrêmes, le tarot semble proposer une voie médiane en suggérant la possibilité d'agir sur son mouvement. Non pour l'arrêter (l'énergie qui l'anime est trop puissante pour que l'on y parvienne), mais pour l'accompagner comme le fait un capitaine lorsqu'il tient le gouvernail de son bateau. Il s'adapte aux aléas météorologiques, qu'il n'est pas en mesure de contrôler. Il en tient compte, pour garder son cap, en toutes circonstances. La Roue de Fortune est une invitation à envisager, en conscience, la manière dont on accueille et accompagne les changements qui surviennent dans notre vie.

Elle invite, en outre, à mener une réflexion collective sur la finalité de la course dans laquelle sont engagées les sociétés modernes, tournées vers l'innovation et le progrès. Depuis l'époque lointaine des premiers hominidés jusqu'à *Homo sapiens*, l'espèce humaine n'a pas cessé d'évoluer et d'expérimenter. On peut se demander si le moment n'est pas venu d'examiner les conséquences que peuvent avoir ces innovations, lorsqu'on laisse le mouvement s'effectuer de lui-même, en roue libre...

Ombre de La Roue de Fortune :

L'aspect négatif de l'arcane se manifeste par le refus du changement qui conduit à l'immobilisme, à la répétition, voire à la régression.

L'arcane peut aussi révéler une peur de l'inconnu. Elle paralyse et empêche toute évolution, en créant des tensions en soi et autour de soi, pouvant aller jusqu'au blocage.

La Roue de Fortune et nous

Inévitablement elle tourne… Imprévisible et capricieuse, La Roue de Fortune nous entraîne dans le cycle de la vie. Le sens aléatoire de l'existence ainsi que notre impermanence nous sont ici dévoilés. Accompagnons La Roue dans ce voyage miraculeux, avec conscience et sérénité.

Dans un tirage

Sens général

La Roue de Fortune indique qu'un changement est en cours, sans en augurer un côté positif ou négatif. Elle invite à adopter une posture d'accueil, de manière à accompagner le changement en saisissant les occasions qui se présentent. La Roue de Fortune est par excellence l'arcane des innovateurs·rices, des inventeurs·ses, des explorateurs·rices qui ont foi dans l'avenir.

Plan personnel

La Roue de Fortune nous invite à prendre conscience des schémas répétitifs qui interviennent dans notre vie comme des sources de souffrances et de blocages. Face à ces schémas anciens, l'unique moyen de se libérer consiste à accepter la nécessité du changement. L'arcane invite à définir un cap vers lequel aller en respectant une éthique permettant à la fluidité de la vie de s'écouler, sans créer de tensions.

Plan spirituel

La Roue de Fortune invite à accueillir le changement, quel qu'il soit, comme une expérience porteuse d'enseignements. C'est un jalon qui conduit à devenir à la fois maître et disciple de sa vie.

XI - La Force ou la maîtrise intérieure

La Force est la troisième vertu cardinale du tarot. Elle représente une jeune femme maîtrisant un fauve. Ce n'est cependant pas par la force physique que la jeune femme parvient à ouvrir la gueule de l'animal. Le voudrait-elle qu'il aurait tôt fait de lui broyer les mains, et sans doute aussi de la dévorer. Toute l'attitude de la jeune femme dénote, au contraire, une force tranquille qui s'exerce avec fermeté. Elle lui permet de dompter, en douceur, la puissance de la bête qui ne semble pas lui opposer la moindre résistance.

Ce n'est pas la première fois que la question de la maîtrise de la force vitale est posée dans le tarot. Nous l'avons déjà rencontrée avec l'arcane du Chariot (VII) qui invitait l'apprenti initié à diriger ses chevaux vers la direction choisie. La suggestion de l'arcane VII était d'y parvenir en ayant une vision claire et juste des objectifs à atteindre, tout en se donnant les moyens d'y parvenir. Avec l'arcane de La Force, la même problématique est posée, mais à un autre niveau. Elle ne peut plus se résoudre par l'action — comme c'était le cas avec Le Chariot. L'arcane XI se situe dans la série des dizaines, qui indique que le cycle de l'intériorité initié par L'Hermite (VIIII) a commencé.

Comme la jeune femme de l'arcane XI, le cheminant sur la voie du tarot doit trouver, en lui, les ressources nécessaires pour maîtriser la force vitale de la bête.

Le nombre onze

Le nombre onze se caractérise par le redoublement du chiffre un (1). Cette particularité fait de lui le premier maître nombre du tarot qui se caractérise par la répétition du même chiffre. Le redoublement du un (1) – dont la verticalité symbolise l'élévation – invite à s'ouvrir à un niveau de conscience supérieur. La Force indique l'entrée de l'initié dans une nouvelle étape de son chemin de maîtrise.

En numérologie, un maître nombre, constitué de deux nombres identiques, porte une vibration plus importante qu'un nombre simple. C'est le cas avec le 11, le 22, le 33, le 44, le 55…

Interprétation symbolique de La Force

Traditionnellement, la force est une vertu associée au courage. C'est, par excellence, la vertu des chevaliers ou des combattants, et celle de tous ceux qui possèdent la fermeté d'âme et la force de s'opposer à la loi du plus fort pour rester fidèles à leurs valeurs et convictions ou oser s'affirmer face à un groupe et surmonter la crainte de l'exclusion. C'est encore La Force qui anime les objecteurs de conscience, les lanceurs d'alerte ou les militants des droits de l'homme qui luttent pour plus de justice sociale.

Au niveau psychologique, le fauve peut symboliser nos instincts, mais aussi nos pulsions, notre sexualité et nos émotions incontrôlées et inconscientes. L'attitude de la jeune femme nous invite à maîtriser notre part animale, non par la contrainte, mais en douceur. Elle y parvient en puisant sa force là où ses mains domptent la bête, à la hauteur de son nombril. Cet emplacement correspond au centre énergétique que les Japonais appellent *hara* et voient comme le réservoir de l'énergie vitale qui nous relie à l'énergie universelle. L'arcane XI invite, lui aussi, à utiliser cette énergie, sans violence et sans agressivité, comme le font les maîtres d'arts martiaux qui se connectent au souffle vital par la concentration et la respiration.

La jeune femme de l'arcane XI y parvient d'autant mieux qu'elle est reliée aux énergies du ciel grâce au symbole en forme d'infini, appelé « lemniscate », situé au-dessus de sa tête – comme chez Le Bateleur (I). Il indique sa connexion avec les plans supérieurs de conscience, alors que l'animal lui permet de contacter la puissance instinctuelle de l'énergie vitale. La Force fait ainsi la jonction entre le ciel et la terre. Comme un maître d'art martial, la jeune femme ancrée dans le sol, avec une posture solide et souple, incarne la maîtrise de sa force. Elle est semblable au sage taoïste qui a le courage de plonger dans une chute d'eau grondante et bouillonnante, et la sagesse de ne pas s'épuiser à lutter contre le courant, plus puissant que lui, mais à l'utiliser en nageant avec lui.

Les arts martiaux ont deux aspects. L'un est visible, ce sont les techniques de combat basées sur la maîtrise de mouvements permettant de prendre le dessus sur un adversaire, sans recourir à la force. L'autre est plus subtil. Il est inséparable d'une conception de l'individu qui prend en compte sa dimension la plus large en intégrant l'univers, le Tout ou le Tao – selon le nom que lui donnent les différentes traditions.

Invitation de La Force

La force d'âme et le courage de surmonter sa peur ne sont pas l'apanage de temps héroïques qui n'existent plus. Ils sont aujourd'hui tout aussi nécessaires qu'hier. L'arcane XI nous invite à prendre conscience de notre force intérieure pour faire face aux épreuves auxquelles nous sommes confronté·e·s, avec courage et alignement. Elle incite à définir les principes moraux qui nous guident en précisant le cadre éthique de nos actes. Elle nous invite à prendre la pleine responsabilité de notre vie.

Elle attire, en outre, notre attention sur la part animale que symbolise le fauve (émotions non maîtrisées, pulsions, passions, sexualité). Par son attitude, La Force incite à ne pas la négliger ni la réprimer, mais au contraire à reconnaître sa puissance de façon à pouvoir l'apprivoiser pour l'accueillir, sans refoulement ni déni, en se gardant de la diaboliser. Cette part animale est aussi une force de vie, qu'il s'agit davantage de canaliser que de refouler.

Ombre de La Force

L'aspect négatif de La Force se manifeste par le recours à la force physique ou psychologique (manipulation, chantage, intimidation, emprise) en vue de contraindre quelqu'un ou d'obtenir quelque chose de lui.

Il peut aussi correspondre à une tendance à brider en soi toute spontanéité porteuse d'élan vital, à nier ses besoins ou à réfréner ses impulsions (comme si le laçage du corset de La Force était trop serré).

La Force et nous

Suivre les enseignements de La Force, c'est découvrir une nouvelle forme de puissance. Mélange de douceur, d'harmonie et de volonté, le dynamisme de La Force se manifeste par un juste équilibre entre mental et physique. La Force nous recentre dans une énergie positive. La Force, c'est la synchronisation du corps et de l'esprit.

Dans un tirage

Sens général

La Force annonce un commencement créatif, grâce à de nouvelles énergies qui se mettent en mouvement. Il s'agit de les accompagner en prenant conscience de sa force intérieure, pour acquérir la maîtrise de sa vie. L'arcane invite à le faire avec courage et fermeté en affrontant les imprévus de la vie, sans donner son pouvoir à autrui ni non plus chercher à exercer une emprise sur lui.

Plan personnel

La Force invite à l'autonomie et à l'intégrité. Elle ne recherche aucune reconnaissance extérieure ou gratification sociale. Elle trouve en elle le courage de faire face aux défis qui se présentent, sans dépendre de quiconque ou de quoi que ce soit. Elle parvient à la maîtrise d'elle-même, sans violence, sans refoulement et sans déni.

Plan spirituel

C'est l'arcane de l'alignement et du centrage. Elle invite à se connecter aux énergies spirituelles pour bénéficier de leurs puissances tout en étant solidement ancré·e dans sa base pour les manifester concrètement dans sa vie.

XII - Le Pendu ou le lâcher-prise

Si aujourd'hui le spectacle d'êtres pendus à un gibet est assez improbable, du moins en Europe, il n'en allait pas de même à l'époque médiévale où la pendaison était un châtiment très répandu. Il était habituellement réservé aux meurtriers, mais aussi aux voleurs et aux usuriers dont l'exécution attirait souvent la foule. L'exposition des pendus au regard du public avait valeur d'exemplarité, d'autant que, pour être dissuasifs, les cadavres devaient « pourrir au gibet ». Ils étaient, en outre, interdits de sépulture chrétienne.

Compte tenu du caractère d'infamie attaché à ce châtiment, l'arcane XII est intrigant. Le Pendu du tarot, bien qu'attaché par un pied à une potence, n'a rien qui semble indiquer qu'il soit en état de souffrance ni rien qui puisse susciter l'effroi ou la pitié. Il a l'air d'un jeune homme sain et en bonne santé, plutôt décontracté compte tenu de sa situation. Son attitude permet de penser que la signification de l'arcane n'est pas à mettre en relation avec la notion de châtiment qu'elle avait au Moyen Âge, mais qu'elle relève davantage d'une interprétation symbolique.

Observons aussi que le jeune pendu ressemble fort au jeune homme blond que nous avons rencontré dans les arcanes du Bateleur (I), de L'Amoureux (VI) et du Chariot (VII). Même jeunesse, même corpulence et, à quelques variantes près, même costume. Seule la couleur des cheveux change, puisqu'avec Le Pendu, ils sont bleus. Le bleu étant, dans le tarot, la couleur de la spiritualité, on peut penser que l'expérience de pendaison qu'il est en train de vivre lui permet d'accéder à un niveau de conscience plus élevé.

Le nombre douze

Douze est le nombre des cycles immuables associés à la nature (les douze mois de l'année) et au cosmos (les douze signes du zodiaque). Il est souvent lié à un message divin (les douze travaux d'Hercule, les douze divinités de l'Olympe, les douze apôtres, les douze tribus d'Israël). Les exemples sont nombreux dans lesquels le nombre douze indique une totalité ou un cycle accompli.

Douze est un nombre pair. Il s'obtient par l'addition du dix correspondant au nombre de La Roue de Fortune (X), l'arcane du changement, et du deux de La Papesse (II), l'arcane de la connaissance intuitive. On peut de ce fait penser que Le Pendu, immobilisé, vit un changement intérieur lui donnant accès à une plus grande connaissance intuitive du monde.

Interprétation symbolique

Indépendamment des pendaisons utilisées comme châtiment, il existe des pendaisons dites « rituelles » qui permettent d'appréhender le sens de l'arcane du Pendu et le message qu'il cherche à transmettre. Dans les mythologies du nord de l'Europe, un des dieux les plus importants, Odin (appelé parfois Wotan), est un dieu guerrier complexe, à la fois dieu des Morts et de la Sagesse et dieu de la Magie. Après s'être blessé avec sa lance, il se fait suspendre par les pieds à l'arbre du monde, Yggdrasil, la tête en bas, pendant neuf jours et neuf nuits, sans boire ni manger. Au terme de cette pendaison, il obtient la puissance nécessaire pour régner sur les neuf mondes de la cosmogonie nordique. Il acquiert, en outre, la connaissance de l'avenir grâce à la révélation de l'ancien alphabet runique utilisé dans une perspective oraculaire.

Le mythologue et historien des religions Mircea Eliade fait remarquer que la pendaison d'Odin est un rite initiatique de structure chamanique pratiqué dans plusieurs régions du monde, notamment en Sibérie. Il appartient à la strate la plus ancienne de l'expérience religieuse humaine (*Le Chamanisme et les techniques archaïques de l'extase*, Payot, 1950). Cette pratique était une sorte de mort rituelle où le fait de rester attaché·e la tête en bas, comme Odin, neuf jours et neuf nuits durant, sans manger ni boire, produisait des altérations de conscience qui changeaient le regard et la perception de la personne qui s'y soumettait et lui permettait d'acquérir de nouveaux pouvoirs et savoirs.

On retrouve, à un moindre niveau, le même processus de changement de niveau de perception dans certaines postures inversées du yoga comme celles de la posture sur la tête, *Sirshasana*, ou de la chandelle. Elles ont pour effet d'agir sur les états émotionnels et mentaux en apportant clarté et concentration. Le fait de se trouver la tête en bas (par pendaison rituelle ou pratique yogique) change l'angle de vision que l'on a du monde et laisse une part importante à des sensations et impressions nouvelles.

N'oublions pas que nous avons tou·te·s fait cette expérience de changer de niveau de réalité au moment de notre naissance. Dans la majorité des cas, elle se passe en arrivant au monde la tête la première et les pieds en dernier, dans une attitude pouvant évoquer celle du Pendu de l'arcane XII – ce qui laisse penser qu'il est, lui aussi, engagé dans un processus de naissance dans lequel la corde qui le retient peut représenter le cordon ombilical, et les poteaux de la potence, les parois vaginales, alors que le sommet de sa tête semble sur le point d'apparaître. Le Pendu pourrait avoir pour mission de réactiver la mémoire de ce passage en nous invitant à changer notre regard sur le monde pour évoluer vers d'autres plans de perception et de connaissance.

Les découvertes récentes de la physique ouvrent de nouvelles perspectives sur l'interprétation que l'on peut faire de l'arcane XII. En démontrant que, loin d'être sans conséquences, la position que l'on occupe dans l'espace détermine la perception que nous avons d'une réalité qui n'existe qu'à travers le filtre de notre conscience, la théorie de la relativité d'Einstein rejoint les religions traditionnelles. Celles-ci enseignaient, déjà il y a plusieurs millénaires, que le monde que nous percevons avec nos sens n'est qu'apparence. L'immobilité du Pendu et son positionnement dans l'espace sont donc déterminants dans la façon dont il perçoit la réalité. Elle serait tout autre s'il l'observait debout ou en marchant. Ce relativisme remet en question toutes les certitudes qui voudraient que la réalité existe en dehors de la perception que nous en avons.

De ce fait, comme dans les pendaisons rituelles, l'immobilité forcée dans laquelle se trouve Le Pendu n'est pas nécessairement inféconde ou négative. Elle peut, au contraire, lui permettre de profiter de sa posture inversée pour lâcher son mental et expérimenter de nouveaux états de conscience.

Invitation du Pendu

L'arcane XII invite à quitter une vision « naïve » du monde fondée sur l'apparent, le visible et le perceptible comme garants d'une réalité tangible. Il invite à une nouvelle compréhension du monde.

De plus, le fait d'être pieds et mains liés, avec une vision inversée, empêche Le Pendu d'agir et le rend vulnérable. Or, paradoxalement, c'est au moment où il est entravé et immobilisé qu'il lui est demandé d'adopter une attitude d'accueil et d'acceptation de sa situation, sur laquelle il n'a pas de prise. L'unique voie qui s'offre à lui est celle du lâcher-prise. Il lui faut pour cela relativiser son sentiment d'impuissance en prenant conscience que tout est affaire de point de vue.

Le Pendu invite à examiner la situation dans laquelle on se trouve sous un angle différent, en se détachant de sa peur de l'inconnu pour adopter une attitude pleine de confiance et d'espoir dans la vie.

Ombre du Pendu

La peur de perdre le contrôle représente l'obstacle majeur auquel est confronté Le Pendu. Elle est à la mesure de l'invitation qui lui est faite de s'abandonner à ce qui est présent. Cette peur peut créer une forme de rigidité physique et psychologique qui empêche de s'adapter souplement aux circonstances de la vie.

Le Pendu et nous

Il est libre, Le Pendu. Malgré sa posture inconfortable,
il sourit, patient, résilient, serein face à son avenir.
L'arcane parle de nos attachements aux autres, aux lieux
et au passé, avec lesquels il serait souhaitable de rompre.
Le Pendu nous met face à la nécessité de lâcher prise
en acceptant sereinement les blocages. Notre réussite dépend
de notre capacité d'adaptation au temps suspendu.

Dans un tirage

Sens général

Le Pendu indique qu'on est dans une situation dans laquelle on ne peut pas agir : tous les repères habituels sur lesquels se fondait notre vision du monde sont perturbés, ce qui peut créer un sentiment d'impuissance et de vulnérabilité allant parfois jusqu'à la frustration – souvent difficile à vivre. Face à une situation sur laquelle on n'a pas de prise, Le Pendu invite à adopter une attitude d'abandon et d'acceptation en accueillant ce qui est présent sans chercher à le fuir ni à le transformer. Souvent, le manque de confiance en soi ou dans la vie empêche de lâcher prise.

Plan personnel

L'arcane invite à examiner les liens et les attachements (souvent liés à une blessure d'abandon) qui entravent notre liberté d'action et d'expression. Pour s'en libérer, il est nécessaire d'examiner sa vie avec un autre point de vue, en acceptant de remettre en question ses perceptions et croyances habituelles – ce qui n'est possible qu'en prenant de la distance vis-à-vis de la situation vécue et en se détendant vis-à-vis des tensions imputables à la position inconfortable dans laquelle on se trouve.

Plan spirituel

Le Pendu est l'arcane du lâcher-prise qui nécessite de se défaire de son ego pour s'abandonner et faire confiance à la vie, l'univers, plus grand que soi ou Dieu (peu importe le nom qu'on lui donne). C'est l'arcane de l'acceptation de ce qui est, ici et maintenant ; il invite à renoncer à toute projection sur le passé ou le futur.

XIII – L'Arcane sans nom ou mourir à l'ancien pour renaître

L'arcane XIII du tarot de Marseille est le seul qui ne porte pas de nom, mais il est immédiatement reconnaissable. Dans le folklore occidental, la Mort est souvent représentée par un squelette tenant une faux. Elle est appelée « la Faucheuse » ou encore « l'Innommable ».

Cette allégorie, d'origine italienne, était très présente dans l'iconographie du Moyen Âge et de la Renaissance. Les maîtres cartiers du tarot y ont eu recours pour figurer la mort. Le fait qu'ils ne la nomment pas traduit la peur médiévale de prononcer son nom, par superstition et pour ne pas l'attirer.

On peut cependant observer que, contrairement à la plupart des représentations allégoriques de la Faucheuse, le squelette de l'arcane XIII conserve son enveloppe charnelle de forme humaine et de couleur chair – ce qui est une façon de suggérer que la mort est un processus inséparable de la vie.

Le nombre treize

L'aspect inquiétant de cet arcane est renforcé par le fait qu'il porte le nombre treize, souvent considéré comme un chiffre portant malheur. Certains paquebots, par exemple, n'attribuent le nombre treize à aucune cabine, sans parler des superstitions associées au vendredi 13...

Contrairement à ces croyances populaires, l'analyse numérologique du nombre treize se révèle nettement moins négative. Treize s'obtient par l'addition de dix et de trois. Trois, comme nous l'avons vu avec L'Impératrice, est le nombre de la mise en mouvement de l'énergie. Treize dépasse ainsi l'aspect statique du douze du Pendu. Il apporte un élément de renouveau. Il évoque un processus de transformation et de régénération qui ne peut se produire que lorsque le cycle précédent est achevé.

Interprétation symbolique de l'arcane XIII

Le fait que la mort soit un phénomène inséparable de la vie est avant tout biologique. Notre corps se régénère en permanence par la création de nouvelles cellules, dans un processus appelé « mitose ». Cette régénération permanente implique que d'anciennes cellules meurent pour contrebalancer le processus, soit par apoptose (mort cellulaire programmée) soit consécutivement à une agression virale, bactérienne ou chimique (cas des médicaments qui luttent contre la prolifération des cellules cancéreuses).

Mais le processus est aussi psychologique. Paradoxalement, c'est la conscience de la mort et de la finitude de la vie qui lui donne son sens, comme l'écrit Etty Hillesum dans son journal, quelque mois avant d'être gazée, en 1942, dans le camp nazi d'Auschwitz :

J'ai réglé mes comptes avec la vie, je veux dire : l'éventualité de la mort est intégrée à ma vie ; car regarder la mort en face et l'accepter [...], c'est élargir cette vie. À l'inverse, sacrifier dès maintenant à la mort un morceau de cette vie, par peur de la mort et refus de l'accepter, c'est le meilleur moyen de ne garder qu'un pauvre petit bout de vie mutilée [...]. Cela semble un paradoxe : en excluant la mort de sa vie, on se prive d'une vie complète, et en l'y accueillant, on élargit et enrichit sa vie.

Etty Hillesum, *Une vie bouleversée*, Seuil, 1985.

Le poète François Cheng précise, dans sa deuxième « Méditation sur la mort », que c'est la conscience de la mort qui fait naître en nous trois désirs fondamentaux : le désir de nous réaliser en nous inscrivant dans un projet de vie qui lui donne un sens ; le désir de nous dépasser dans la passion, l'aventure, l'héroïsme ou l'adhésion à un idéal ; le désir de transcendance, pour finir, qui naît des épreuves vécues et de la certitude de la mort (*Cinq Méditations sur la mort*, Albin Michel, 2017).

Le psychanalyste Sigmund Freud, quant à lui, observe que les deux pulsions les plus importantes de la psyché sont les pulsions de vie et de mort. Il leur donne les noms des dieux grecs Éros (dieu de l'Amour) et Thanatos (dieu de la Mort). Pulsions de vie et pulsions de mort ne peuvent être pensées séparément, car elles œuvrent toujours ensemble, dans une sorte d'amalgame indissociable (*Au-delà du principe de plaisir* [1920], Points, 2014).

Dans le *Bardo-Thödol : Le Livre tibétain des morts* (Albin Michel, 1981), les bouddhistes, qui croient au phénomène de la réincarnation, nomment *bardo* l'état intermédiaire entre la vie qui s'achève et la prochaine renaissance. Dans cette perspective, la mort est un phénomène intermédiaire qui permet le passage d'un état à un autre.

Cette conception de la mort comme un passage nécessaire entre deux états d'être différents se retrouve dans le symbolisme de la faux, attribut traditionnel de la Faucheuse. Cet instrument est un outil agricole indispensable aux moissons. Jusqu'à l'invention des machines mécaniques, il permettait de couper les blés et autres céréales. Une partie des grains était transformée en farine et consommée dans l'année, et l'autre était conservée jusqu'à l'année suivante pour constituer les semences de la prochaine récolte. Le symbolisme de la faux est donc indissociable de celui de la vie, à travers l'aliment nourricier du pain, mais aussi grâce aux semences, promesse de continuation du prochain cycle de végétation. Il en va de même dans la pratique du compostage qui recycle les déchets végétaux pour les transformer en un engrais qui nourrit la terre et permet les récoltes futures.

L'idée de renaissance après la mort est encore suggérée par la présence des restes humains (pieds, mains et têtes coupées) qui jonchent le sol de l'arcane. Ils peuvent s'interpréter en référence à un épisode de la mythologie égyptienne où la déesse Isis rassemble les restes éparpillés du corps de son époux, le dieu Osiris, coupé en morceaux par son frère jaloux, le dieu destructeur Seth. Isis parvient à recomposer le corps démembré de son mari sous la forme d'une momie. C'est sous cette nouvelle forme qu'Osiris parvient à gagner le monde de l'au-delà, dont il devient le souverain. Le mythe du démembrement d'Osiris symbolise ainsi un nécessaire processus de mort préalablement à une renaissance future.

Invitation de l'arcane XIII

Malgré la promesse de renaissance induite par le processus de la mort, lui être confronté reste une expérience douloureuse à vivre et beaucoup plus radicale que ne l'était la rencontre avec l'arcane de La Roue de Fortune (X), dont la symbolique évoquait déjà la nécessité de laisser partir l'ancien pour permettre au nouveau d'advenir. L'arcane XIII s'en distingue par son caractère définitif et irrévocable.

L'arcane de la Faucheuse implique un travail de deuil et de perte, dans lequel il faut se défaire du passé et de ses attachements (amitiés, amours, projets, travail), de ses conditionnements et habitudes, mais aussi de ses mémoires et de son identité passée. C'est une mort symbolique qui nécessite des renoncements et des adieux pour parvenir à opérer une transformation radicale de son être et adopter une attitude nouvelle face à la vie.

L'expérience est difficile, parfois violente. L'arcane XIII apparaît dans des situations où la rupture avec le passé est inéluctable. Avec, en contrepartie, une fois les liens coupés et le deuil accompli, la promesse de restaurer ses énergies, d'acquérir des compréhensions et des connaissances nouvelles pour renaître à un autre niveau en intégrant la mort dans le processus de la vie.

Ombre de l'arcane XIII

La difficulté à accepter les changements qui interviennent dans la vie, parfois de façon brutale, correspond à l'aspect négatif de l'arcane XIII.

Cette attitude intérieure peut conduire à la colère, à la frustration ou au désespoir. Elle freine le processus de transformation profonde de notre être et de notre existence, qui implique de laisser mourir l'ancien pour permettre au renouveau d'advenir.

L'arcane XIII et nous

L'Arcane sans nom est un outil de libération des souffrances du passé, de ses attachements destructeurs et des habitudes nocives qui nuisent à notre progression.
Acceptons la fin symbolique d'une partie de notre vie. Servons-nous des obstacles comme tremplin pour créer une vie à l'image de nos rêves.

Dans un tirage

Sens général

L'arcane XIII est un arcane de transformation auquel il est difficile de se soustraire. Lorsqu'il apparaît dans un jeu, c'est pour indiquer qu'une page de notre vie est en train de se tourner et que s'annonce le seuil d'une nouvelle étape de notre existence. Qu'on le souhaite ou non, les circonstances vont changer et nous obliger à faire le ménage dans notre vie. Il faut pour cela couper (grâce à la faux) les liens qui nous attachent au passé. L'arcane XIII invite à rompre avec le passé et à poser des actes qui vont permettre d'aller de l'avant, sans tergiverser.

Plan personnel

L'arcane XIII annonce une période de transformation intérieure qui nécessite d'opérer un travail de remise en question en acceptant la mort de certains aspects de soi. Ils ont pu correspondre à ce que nous étions dans le passé, mais soit ils ont vieilli soit nous n'en voulons plus. Il est pour cela nécessaire de commencer par les nommer, car paradoxalement l'Arcane sans nom invite souvent à *nommer* ce qui ne l'est pas encore. Il s'agit ensuite de dépasser les tensions qui perdurent de façon à permettre à un nouveau moi de se manifester, en accord avec les aspirations de notre être profond.

Plan spirituel

Rencontrer l'arcane XIII, c'est accepter de se dépouiller pour croître spirituellement. C'est sacrifier son ego, son moi inférieur et ses attachements pour adopter une attitude nouvelle face à la vie, fondée sur la foi en notre capacité à nous régénérer et à progresser sur le chemin d'une plus grande réalisation intérieure, vers une vie ouverte.

XIIII - Tempérance
ou la voie du juste milieu

Dans l'ordre numérique, l'arcane XIIII de Tempérance est la quatrième vertu cardinale du tarot. Elle est traditionnellement représentée sous la forme d'une jeune femme transvasant un liquide d'un récipient dans un autre. Elle incarne des qualités de mesure et de modération. Chez les Pères de l'Église, la tempérance se confond souvent avec l'abstinence, la sobriété ou la chasteté. Mais le tarot ne met pas en lumière cette interprétation. Il lui accorde, en revanche, une grande valeur morale.

Tempérance possède deux ailes qui en font le second ange du tarot, après Cupidon, l'ange de l'amour de L'Amoureux (VI). Les anges sont présents dans les trois religions monothéistes du judaïsme, de l'islam et du christianisme. Ils ont pour mission principale de protéger les hommes et les femmes et de les guider vers la sagesse. On peut en déduire qu'indépendamment de son aspect moral, Tempérance permet à l'initié de faire une pause après sa rencontre avec les trois arcanes de transformation auxquels il vient d'être confronté : La Roue de Fortune (X), Le Pendu (XII) et l'arcane XIII. Sa présence angélique apporte le réconfort dont il a besoin pour se ressourcer et reprendre des forces avant de poursuivre son parcours d'évolution.

Le nombre quatorze

Sur le plan numérologique, quatorze reprend, au niveau des décimales, la symbolique du quatre de L'Empereur. C'est un arcane qui suggère l'équilibre et la stabilité. En tant qu'archétype féminin (de surcroît angélique), Tempérance incarne ces qualités au niveau des dizaines, d'une manière différente de L'Empereur avec les unités. Elle apporte de la douceur à son action sur le monde. Elle tempère la façon autoritaire dont il exerce son pouvoir, en le modérant.

Interprétation symbolique de Tempérance

En tant que vertu cardinale, Tempérance incite à agir avec mesure et retenue, et à éviter les extrêmes qui mènent à la démesure et à l'excès. En observant l'arcane, on peut dire familièrement qu'elle invite à « mettre de l'eau dans son vin », grâce aux récipients dont elle transvase les contenus de l'un dans l'autre – le rouge peut suggérer qu'il s'agit de vin, et le bleu, d'eau.

Cependant, tout laisse à penser que le liquide transvasé est d'une autre nature que l'eau désignée par la formule chimique H2O. Compte tenu de la position des récipients, cette eau ne manquerait pas de s'écouler sur le sol. En revanche, du fait de son aspect ondulatoire et de la couleur rouge et bleu des cruches, cette eau *qui ne coule pas* peut évoquer un courant électrique alternant entre les pôles positif et négatif d'une batterie.

Elle peut ainsi symboliser les énergies subtiles que Tempérance fait circuler, comme le font les guérisseurs·ses, les thérapeutes ou les chamanes qui se relient aux plans invisibles pour opérer des guérisons. Comme eux, elle canalise ces énergies et les amène du ciel vers le plan terrestre pour permettre à l'initié de se ressourcer et de se régénérer. Il peut ainsi bénéficier des bienfaits de sa nature angélique, d'autant que sous Tempérance (XIIII) se trouve un Pape (V) caché (14 = 1 + 4 = 5) qui établit un pont entre l'humain et le divin.

Grâce aux énergies qu'elle fait circuler, Tempérance est l'arcane de la guérison et de la communication. Elle soulage les souffrances et fluidifie les relations. Elle désamorce les conflits et apaise les tensions qui peuvent surgir tant avec les autres qu'entre les différents aspects de notre propre personnalité.

Invitation de Tempérance

Tempérance incarne un mode de communication harmonieux basé sur le dialogue et l'écoute bienveillante et respectueuse. On peut rapprocher ce mode d'interaction de la communication non violente (CNV) théorisée par Marshall B. Rosenberg. Elle vise à établir des relations authentiques et bienveillantes basées sur l'empathie et le respect en partant de l'observation de ses propres sentiments et besoins, tout en tenant compte des sentiments et besoins de l'autre (*Les mots sont des fenêtres : Introduction à la communication non violente*, La Découverte, 1999).

De plus, en tant qu'ange incarné, Tempérance invite à se mettre à l'écoute des plans célestes afin de faire bénéficier les autres des messages et dons reçus, avec amour et altruisme.

Ombre de Tempérance

L'aspect négatif de Tempérance correspond à toutes les formes d'excès et d'abus (alcool, drogues et autres addictions), ainsi qu'à l'intempérance dans notre mode de vie ou notre alimentation.

Il se manifeste aussi à travers les jugements, reproches, rancunes, jalousies, dénigrements – formulés ou non – qui empêchent la fluidité des relations, tant avec soi qu'avec les autres.

Tempérance et nous

Ange de douceur et de réconfort, elle incarne la quiétude ainsi que le repos du corps et du psychisme. Bienveillante, elle fait circuler harmonieusement les énergies entre intuition et action.
Elle nous invite à calmer notre mental.
Communication et douceur feront de nous une véritable force tranquille.

Dans un tirage

Sens général

Tempérance invite à prendre soin de soi et de sa santé en évitant les excès, tout en veillant à établir des relations harmonieuses avec les autres. En toutes circonstances, elle choisit la voie du milieu, loin des positions tranchées et extrêmes.

Tempérance est l'arcane des guérisseurs·ses, des diplomates et des négociateurs·rices. Elle invite à établir la paix en soi et autour de soi, grâce à la concertation et la communication.

Plan personnel

Tempérance invite à accueillir ses émotions (ou celles des autres), quelles qu'elles soient, sans chercher à les refouler ni les juger, en les considérant comme des messages exprimant des besoins non satisfaits (besoins de reconnaissance, d'empathie, de partage, de sécurité et d'autonomie). Elle invite ensuite à effectuer les ajustements nécessaires pour pouvoir les satisfaire, grâce à des demandes claires et réalisables, formulées aux autres ou à soi-même.

Plan spirituel

Tempérance est le premier arcane de communication avec les plans invisibles grâce à l'intuition, le magnétisme, la médiumnité, la télépathie et toutes les formes de canalisation de messages de l'au-delà. Elle invite à les accueillir avec humilité et gratitude.

3. Le cycle des transmutations et des accomplissements : du Diable (XV) au Mat

Depuis l'arcane du Bateleur (I), qui marque le début de sa quête, l'initié a fait un certain nombre d'apprentissages et traversé des épreuves. Ces expériences l'ont transformé et conduit vers une plus grande maîtrise de sa vie. Parvenu à la maturité, il a désormais acquis une forme de sagesse. Elle lui permet de vivre harmonieusement avec les autres, grâce à une éthique de vie qui pose le cadre moral de ses actes. Il lui reste maintenant à parcourir le troisième et dernier cycle du tarot. Il va lui permettre de parvenir à un niveau de conscience supérieur, grâce à la pleine réalisation de ses potentiels.

Ce processus est assez proche de ce que C. G. Jung appelle « l'individuation ». Il désigne l'évolution intérieure d'un individu qui parvient à être de plus en plus conscient de lui-même. Il lui faut, pour cela, opérer une série de mutations et aller au de-là des rôles sociaux de sa *persona* (l'image superficielle qu'il a de lui-même et qu'il porte comme un masque). Il lui faut aussi se confronter à son ombre, c'est-à-dire aux aspects de lui qu'il aime le moins ou qui lui font le plus peur, et qu'il cherche habituellement à fuir ou à dissimuler. Il doit, en outre, harmoniser les différentes facettes – souvent conflictuelles – de sa personnalité. C'est ainsi qu'il parviendra à devenir un être unifié, c'est-à-dire unique et relié aux autres et au cosmos, à travers la réalisation du Soi.

Dans la perspective de la psychologie analytique de C. G. Jung, le Soi est différent du concept du « soi » de la psychologie classique qui renvoie à l'image que l'on a de soi. C'est un archétype de la totalité de la psyché. Il intègre le conscient et l'inconscient, à la fois personnel et collectif. Le Soi de C. G. Jung est très proche de la conception du Soi des traditions spirituelles orientales. Il se confond avec l'accomplissement auquel invitent la plupart des grandes voies initiatiques de transformation – dont le tarot fait partie. Bien qu'elles ne cessent de se réactualiser et de prendre des formes différentes selon les époques, leur finalité reste la même. Aujourd'hui comme hier, il s'agit toujours de dépasser les épreuves de la vie, les échecs et la peur de la mort pour parvenir à s'en libérer à travers la cessation de la souffrance. La réalisation du Soi constitue le but vers lequel tend l'individu qui cherche à dépasser le monde de la dualité dans lequel il vit pour parvenir à l'unité intérieure et à la paix à laquelle son être profond aspire.

Arrivé aux deux tiers de son parcours, l'initié possède désormais la sagesse nécessaire pour y parvenir, en passant de son petit ego au grand Soi. Il lui faut cependant encore opérer un certain nombre de mutations intérieures. Il y parviendra en étant, à nouveau, confronté à deux arcanes de transformation : Le Diable (XV) et La Maison Dieu (XVI). Il pourra ensuite se reconstruire avec l'arcane d'harmonisation de L'Étoile (XVII). Il lui faudra aussi rencontrer, une nouvelle fois, des archétypes féminins maternels et masculins paternels pour en recevoir des enseignements. Mais, à la différence des premiers couples parentaux du tarot, la mise en scène cosmique du couple archétypal de La Lune (XVIII) et du Soleil (XVIIII) réalise un nouveau modèle de couple intérieur. Il permet à l'initié de dépasser les tensions qui existent entre les différents aspects de sa personnalité avant de parvenir à l'accomplissement avec Le Jugement (XX) et Le Monde (XXI).

Le processus de transformation intérieure qu'effectue l'initié, au cours de ce dernier cycle, possède de nombreuses similitudes avec les différentes opérations que les alchimistes pratiquaient sur la matière pour acquérir la formule permettant de transmuter un métal aussi ordinaire que le plomb en un métal noble comme l'or et/ou acquérir l'immortalité. Sachant qu'au-delà de ces expériences sur les métaux, l'objectif des alchimistes était de parvenir à un éveil spirituel, ou *individuation* (pour reprendre la terminologie psychologique de C. G. Jung). Le tarot décrit un processus similaire. Il invite à extraire l'or spirituel de sa gangue humaine afin de parvenir à la réalisation du Soi avec Le Monde (XXI).

L'accomplissement de l'arcane XXI ne marque cependant pas la fin du cheminement de l'initié, car il est suivi du Mat, seul arcane du tarot à ne pas être numéroté, ce qui suggère que le chemin qui conduit à la réalisation du Soi n'est pas linéaire et qu'il est sans fin. Les maîtres cartiers qui ont conçu le tarot, dans leur sagesse, ne l'ignoraient pas. Aussi, quel que soit le point où il s'est rendu, le cheminant, dans la voie du tarot, est invité à continuer à avancer, comme l'y invite le Mat, dans un mouvement de perpétuel recommencement qui est celui de la vie.

La structure du tarot est une structure souple. Chaque niveau d'interprétation doit s'appréhender non pas comme une forme rigide, mais comme une proposition à s'engager dans une quête de sens où la pénétration est de plus en plus profonde.

XV - Le Diable ou la confrontation avec l'ombre

Le Diable est un arcane connoté très négativement, et la religion chrétienne n'est pas étrangère à l'affaire. Pour comprendre les objectifs moraux et religieux en jeu dans la représentation qu'en fait le tarot, il est nécessaire de prendre en compte le contexte médiéval de cette interprétation. Mais il est aussi nécessaire d'aller au-delà pour appréhender la puissante énergie vitale du Diable avec des critères différents, plus conformes à ceux de notre époque.

Étymologiquement, le mot « diable » dérive du grec diabalô qui signifie « celui qui divise ». Dans la Bible, le diable se confond avec Satan, l'incarnation du mal, ou encore avec Lucifer, l'ange déchu précipité aux enfers pour s'être rebellé contre Dieu.

L'Église catholique a utilisé cette figure d'ange déchu pour en faire le symbole dissuasif du sort qui attend les hommes et les femmes qui se détournent de Dieu (à l'image de Lucifer chutant de la lumière vers les ténèbres de l'enfer). Elle a, en outre, associé le diable aux démons et à la sorcellerie qu'elle a combattus, tout en lui attribuant certaines caractéristiques des anciennes divinités païennes avec lesquelles elle a cohabité pendant des siècles.

Le diable fut ainsi doté de cornes et de pieds griffus ou de sabots, tout comme Pan, un des plus grands dieux de la mythologie grecque, symbole d'une nature féconde et protecteur des bergers et troupeaux. Ces attributs étaient aussi ceux des satyres, divinités rustiques qui faisaient partie du cortège de Dionysos (Bacchus chez les Romains), autre dieu agraire grec, d'une grande vitalité, qui était, en outre, le dieu du Théâtre. Grâce à l'ivresse procurée par le vin, la danse, la musique ou l'ingurgitation de substances psychotropes, les adeptes de Dionysos parvenaient à vivre des états modifiés de conscience qui s'apparentaient à une transe mystique. Cette voie est celle des chamanes ou des guérisseurs·ses qui absorbent des plantes sacrées comme l'iboga, l'ayahuasca ou le peyotl, ou encore celle des hommes- ou des femmes-médecine amérindien·ne·s, avec leurs chants et leurs tambours. C'est aussi celle des derviches tourneurs qui font de la danse soufie une méditation active. Cette transe mystique constitue une voie d'accès au divin reconnue dans de nombreuses traditions. En revanche, dans l'univers médiéval du tarot, l'Église la condamnait et s'employait à la « diaboliser » pour en détourner les fidèles.

Pan est à l'origine du panthéisme, une conception de l'univers où les nombreuses divinités – bénéfiques et maléfiques – qui peuplent la nature cohabitent et participent de l'unité primordiale du « Grand Tout », contrairement au monothéisme qui introduit la dualité dans l'univers.

Quant aux cornes en forme de bois de cerf du Diable et des diablotins, elles s'apparentent à celles de Cernunnos, autre dieu agraire de la Puissance fécondante de la nature, appartenant à la sphère culturelle et géographique des Celtes. Les bois de cerf étaient pour eux un symbole puissant de régénération de la nature (le cerf perd ses bois chaque hiver pour les recouvrer au printemps). Le fait qu'ils se substituent aux cornes de bouc des dieux gréco-romains, montre que le tarot conjugue, avec l'arcane du Diable, plusieurs traditions à la fois chrétiennes, gréco-romaines, mais aussi celtes.

Il n'en reste pas moins qu'il est représenté comme un être « contre-nature ». En le dotant de seins qui doublent son hybridité homme/animal d'une hybridité de genre (homme/femme), il possède des caractéristiques propres à incarner le mal et à détourner les chrétiens de leurs anciennes croyances païennes.

Le Diable est donc une figure complexe qui s'inscrit dans la filiation des grandes divinités agraires telles que Pan, Dionysos et Cernunnos, qui nourrissent sa puissance et sa créativité. Mais il incarne aussi une énergie associée à des valeurs connotées négativement et présentes sous des formes différentes, notamment sexuelles, dans toutes les cultures et les traditions, énergie à laquelle chacun·e est nécessairement confronté·e à un moment ou à un autre de sa vie.

Le nombre quinze

Le nombre quinze est porteur des énergies d'imprévu du cinq, au niveau des dizaines. Elles remettent en question les notions d'ordre et de stabilité du nombre quatre. Mais derrière quinze se cache un six (15 = 1 + 5 = 6). Ce nombre est celui de l'Amoureux (VI). Il symbolise l'amour et l'harmonie, mais aussi le choix et la liberté de faire usage de son libre arbitre face aux séductions et au magnétisme du diable.

Interprétation symbolique du Diable

Traditionnellement, le diable est le maître de l'enfer, différemment appréhendé selon les époques et les traditions. Dans l'imaginaire médiéval chrétien, il est situé au centre de la Terre. Il est conçu comme un lieu de souffrances où le pêcheur expie éternellement ses fautes après sa mort. Cette vision chrétienne de l'enfer pouvait dissuader les croyants de commettre le mal, car elle avait tout du cauchemar dont on ne se réveille jamais.

Il n'en allait pas de même dans l'Antiquité où les Enfers (le terme s'emploie au pluriel) se confondaient avec le royaume des mort·e·s, lui aussi situé sous terre et, en principe, interdit aux vivant·e·s. Mais la frontière entre mort·e·s et vivant·e·s n'était pas complètement étanche, puisque certains héros pouvaient parfois y pénétrer... et en revenir. Cette descente aux enfers constituait l'épreuve décisive de leur parcours initiatique. Elle leur permettait d'affronter et de vaincre leurs peurs, dont la plus grande, celle de la mort, pour opérer ensuite un mouvement ascendant de sortie des Enfers vers la surface de la Terre et la lumière. Cette épreuve avait pour finalité de permettre au héros de se libérer de son passé et d'acquérir des connaissances et des pouvoirs nouveaux.

De nos jours, la conception de l'enfer a encore évolué. Il n'a plus besoin d'être situé sous terre pour exister. Jean-Paul Sartre, dans sa pièce *Huis clos* écrite en 1947 (Folio), après la découverte des camps de la mort de la Seconde Guerre mondiale, estime que « l'enfer, c'est les autres ».

Dans une perspective psychologique, l'enfer correspond à l'archétype de l'ombre. Jung la considérait comme la part refoulée de l'inconscient, faite de jugements, de peurs, de projections à laquelle chacun·e craint de se confronter, de peur d'être rejeté·e par les autres.

Dans tous les cas et au-delà de toutes considérations morales, une descente aux enfers commence toujours par un mouvement de régression (*involution*) vers l'obscurité ou la dissolution de certains aspects de soi, qui permettra ensuite de sortir des ténèbres (*évolution*)... sous peine d'y rester éternellement prisonnier·ère.

Ce mouvement de régression vers l'obscurité, suivi d'un mouvement ascendant vers la lumière possède des similitudes avec les opérations que les Alchimistes effectuaient sur la matière pour en extraire l'or. La première étape du travail, qu'ils désignaient sous le nom d'« œuvre au noir » ou *nigredo*, consistait en un travail de décomposition de la matière dans le but de la déstructurer et d'en séparer les composants pour *briser ce qui est pourri*. Elle s'opérait sous le signe de la mort et l'élément requis était le Feu, semblable à celui qui brûle au cœur de la Terre, dans les enfers, où séjourne le diable. Dans les textes alchimiques, l'œuvre au noir est associée au soleil noir, à la nuit, au corbeau, à la mort. La *nigredo* correspond au démembrement des corps coupés en morceaux qui jonchent le sol noir de l'arcane XIII.

Transposé au plan psychologique, affronter son ombre pour détruire un ordre ancien, vieilli ou imparfait peut être considéré comme la première étape de tout travail sur soi.

Mais il faut aussi se souvenir que cette étape est le préambule nécessaire à l'étape suivante qui est un mouvement d'évolution et d'expansion de la personnalité. Il conduit à la guérison et se déploie comme une remontée vers la lumière que l'apprenti initié du tarot effectuera dans les arcanes suivants.

Invitation du Diable

Comme dans l'antique tradition des descentes aux Enfers, aujourd'hui comme hier, affronter ses peurs, regarder en face ses démons et ses dépendances (que symbolisent les deux démons enchaînés aux pieds du diable) est une étape décisive de tout processus de transformation intérieure. C'est toujours une épreuve. Elle reste incontournable pour qui veut acquérir une plus grande maîtrise de sa vie, à l'image des héros antiques. C'est le seul moyen de parvenir à recouvrer l'énergie bloquée par les processus de refoulement ou de déni des aspects souffrants ou inhibés de sa personnalité. C'est à ce prix que le processus de guérison peut s'effectuer. Il permettra à de nouveaux aspects de soi et à des talents nouveaux de se manifester. C'est la leçon que l'apprenti initié doit retenir de l'arcane XV.

Ce n'est cependant pas la première fois que le cheminant du tarot rencontre la mort. Il y a déjà été confronté avec l'arcane XIII, l'Arcane sans nom, qui lui a enseigné qu'elle est un processus inséparable de la vie. Il lui faut maintenant en acquérir une expérience plus directe et trouver en lui la force et le courage d'effectuer, avec Le Diable, sa propre descente aux enfers, sans compter sur aucune aide extérieure, avec ses propres moyens.

Nos plus sombres adversités sont nos meilleures occasions. L'obscur passage est un passage seulement, conduisant à une lumière plus grande. Nous sommes donc mis au pied du mur, devant le dernier terrain qu'il nous reste à explorer, l'ultime aventure : nous-mêmes.

Satprem, *Sri Aurobindo ou L'Aventure de la conscience*,
Buchet-Chastel, 2007.

Mais, paradoxalement, la plus grande vertu de cet arcane est aussi de *dé-diaboliser* le diable, en rappelant que la mort, à laquelle il est associé, est une composante du processus même de la vie. Il nous invite à ne pas avoir peur de sa puissante énergie vitale héritée des anciens dieux de la Nature, mais à nous y confronter pour mettre en lumière notre part d'ombre afin d'évoluer et devenir le héros ou l'héroïne de notre propre destin.

Ombre du diable

La puissance du Diable est telle qu'elle peut conduire à utiliser son magnétisme et son charisme à des fins égoïstes et pour son seul bénéfice.

De plus, l'attrait du Diable pour les sensations fortes (physiques et émotionnelles) peut conduire à la prise de risque ou à la dépendance (y compris à la souffrance, qui peut être addictive). N'oublions pas qu'en matière d'intensité, c'est un maître inégalable...

Le Diable et nous

Ange déchu... mi-homme, mi-femme... Le Diable fascine ou effraie. Il ne nous laisse pas indifférent·e·s. Il nous effraie, car il nous renvoie à nos pulsions secrètes, nos envies inavouables et nos facettes obscures. Il nous fascine par sa puissance, sa détermination et son audace. Le Diable, c'est l'ombre qui met en lumière nos côtés sombres.

Dans un tirage

Sens général

En soi, l'énergie puissante du diable n'est ni bonne ni mauvaise. C'est une énergie vitale semblable à celle qui, à chaque printemps renouvelé, pousse les espèces à s'unir pour que s'accomplisse la danse vibrante de la vie. La question que pose Le Diable est de savoir ce qu'on fait de cette intensité et au service de quelles valeurs on la met. C'est à chacun·e de trouver la réponse à cette question, en utilisant les ressources qui sont les siennes et qu'il appartient à chacun·e de connaître. Le Diable invite à faire usage de son libre arbitre pour échapper à son emprise.

Plan personnel

Lorsque Le Diable se manifeste dans un jeu, c'est pour rappeler la nécessité d'accueillir et d'explorer toutes les composantes de son être, y compris les plus sombres et celles qui nous font le plus peur. Il invite à faire un travail sur soi pour désamorcer les souffrances et les blocages qui empêchent l'énergie de vie de circuler. Le Diable invite à regarder avec courage et lucidité ses faiblesses, ses dépendances et ses soumissions pour s'en libérer et retrouver son pouvoir.

Plan spirituel

L'arcane du Diable invite à se dépouiller de ses masques et rôles sociaux pour observer le « théâtre du monde » où se jouent des intrigues matérielles et psychologiques qui ne sont que des leurres. Il invite à dépasser la dualité pour chercher l'unité.

XVI – La Maison Dieu ou l'ouverture de conscience

À première vue, l'arcane XVI de La Maison Dieu a de quoi impressionner. Il met en scène une tour décapitée par la foudre (représentée de façon stylisée par une sorte de plumet et une pluie de petites pastilles dorées) et deux personnages précipités sur le sol. L'action est saisie en plein vol, alors qu'ils n'ont pas encore touché le sol. C'est une situation de crise aiguë et rare dans le tarot. On peut s'interroger sur la signification de cette violence et sur ce qui la justifie. Mais, paradoxalement, dès lors qu'on tente de répondre à ces questions, l'arcane perd son côté alarmant…

Le dictionnaire définit la tour comme un édifice élevé, et les créneaux qui la surplombent en font un bâtiment défensif, construit par l'homme en vue de se protéger ou de garder quelqu'un prisonnier. On peut ainsi lire l'arcane soit comme une mise en garde contre le danger d'une démolition imminente soit, au contraire, comme une invitation à déconstruire ce qui enferme pour s'en affranchir ou lui rendre sa liberté. Dans cette perspective, La Maison Dieu devient une carte de libération où l'écroulement de la tour symbolise la démolition d'un système de protections et de défenses qui emprisonnent. Cette dernière hypothèse est celle qui correspond le mieux à l'observation de l'arcane.

Le nombre seize

Le nombre seize s'obtient par l'addition de dix et de six, le nombre de l'amour et de l'engagement de l'Amoureux (VI). Le nombre seize met, à nouveau, l'initié devant le choix de faire usage de son libre arbitre, d'autant que derrière seize on trouve un sept caché (16 = 1 + 6 = 7), le nombre du Chariot (VII) qui invite à acquérir la maîtrise de sa vie.

Interprétation symbolique de La Maison Dieu

La Maison Dieu est un arcane dont la symbolique est très riche. Elle autorise plusieurs interprétations qui se complètent mutuellement. Du fait de sa verticalité, la tour peut être considérée comme une sorte d'antenne captant les énergies célestes de la foudre et des pastilles d'or tombant du ciel. Mais la partie haute et crénelée de la tour peut aussi évoquer une couronne et symboliser à la fois la tête, la raison et le pouvoir. Sa destruction aurait pour but de briser les prétentions du mental et de ses rigidités défensives, érigées en murailles.

Il existe aussi des similitudes entre l'arcane XVI et la tour de Babel de la Genèse. Le mythe raconte qu'à l'origine des temps, les descendant·e·s de Noé vivaient en harmonie sur terre et parlaient tou·te·s une seule et même langue. Jusqu'à ce qu'ils·elles décident de construire une immense tour pour se protéger d'un éventuel nouveau déluge. Dieu interpréta cette initiative comme un acte de rébellion contre sa toute-puissance. Il les punit en multipliant les langues sur terre, ce qui eut pour conséquence d'empêcher les ouvriers d'achever la tour, faute de parvenir à se comprendre entre eux. Cet épisode biblique permet d'interpréter doublement l'arcane comme une incitation à l'humilité ou comme une invitation à s'exprimer, échanger et communiquer pour empêcher la destruction de la tour.

On pourrait encore rapprocher La Maison Dieu de l'épisode de la Pentecôte relaté dans le Nouveau Testament. Il raconte comment Dieu donna aux apôtres, par l'intermédiaire de « langues de feu » – disent les évangiles –, la capacité de parler des langues dont ces simples artisans pêcheurs analphabètes ne connaissaient pas un mot afin de transmettre les enseignements du Christ en se mettant au service d'un idéal supérieur. Dans l'arcane XVI, c'est à nouveau un feu venu du ciel, comme dans l'épisode de la Pentecôte, qui détruit le sommet de la tour et donne accès à des connaissances et des capacités nouvelles semblables à celles qu'on peut observer chez les apôtres. Cette expérience existe dans de nombreuses traditions. Elle est décrite comme une ouverture de conscience, une illumination (ou éveil) qui permet au moi de se dissoudre dans une fusion avec le divin. Dans cette perspective, La Maison Dieu pourrait décrire une expérience spirituelle permettant à l'âme de se connecter à son Dieu – comme le suggère l'homophonie qui existe entre La Maison Dieu et « l'âme et son Dieu » dans la langue des oiseaux.

La langue des oiseaux est une manière différente d'entendre et de comprendre le sens des mots, sans tenir compte de leur orthographe. Elle a été utilisée pour transmettre des messages secrets, particulièrement par l'alchimie.

Cette expérience d'ouverture de conscience s'accompagne d'un grand déploiement d'énergie (la foudre et les pastilles dorées). Elle permet, pour finir, de comparer prosaïquement l'arcane à un bouchon de champagne : la décapitation de la tour libère des énergies puissantes, dont la violence est à la mesure des enfermements et des contraintes subies préalablement (à l'image de la pression exercée par le gaz à l'intérieur d'une bouteille de champagne). Cette libération subite d'une énergie longtemps contenue peut concerner toutes les situations qui se dénouent brusquement, parfois avec une certaine violence.

Invitation de La Maison Dieu

La Maison Dieu est un arcane puissant et sans concession. Il met en scène une énergie qui frappe, comme la foudre, sans nécessairement prévenir, avec des effets destructeurs, immédiats et concrets. La question que pose l'arcane de La Maison Dieu est de savoir comment canaliser cette énergie pour ne pas en être victime, à l'image des deux petits personnages éjectés de la tour.

Souvent, dans un tirage, l'aspect libérateur de l'arcane n'est pas facile à appréhender par le ou la consultante. La difficulté consiste en effet à accepter la destruction d'un ordre ancien qui bloquait une évolution, sans qu'on ait nécessairement conscience de son état de dégradation. Au-delà des apparences et des causes immédiates de la situation, La Maison Dieu invite à accepter cette destruction comme le symptôme – et non la cause – de ces blocages anciens. Cette désagrégation participe intégralement du processus de guérison et de libération, car le remède est au cœur du processus, comme un trésor à découvrir.

Pour y parvenir, l'arcane XVI invite à déconstruire les systèmes défensifs mis en place pour se protéger des aspects de la personnalité perçus comme dangereux ou souffrants, tels que les peurs ou les croyances négatives. Le moyen préconisé consiste à faire « sauter le bouchon » du mental. Il obstrue le sommet de la tour et empêche la lumière de la conscience de libérer les énergies de vie qui y sont enfermées. Ce processus implique un engagement profond sur la voie du tarot.

Ombre de la Maison Dieu

La difficulté à vivre les crises empêche de les considérer comme des périodes de transition permettant de passer d'un état à un autre. Elles sont pourtant inévitables et comparables aux crises de croissance ou d'adolescence – souvent conflictuelles – qui accompagnent le passage de l'enfance à l'âge adulte. Elles peuvent aussi correspondre à ce qu'on appelle des « crises curatives » ou « crises de guérison ». Elles se caractérisent par une aggravation des symptômes au début d'un traitement médical qui contribue à sa guérison.

La Maison Dieu et nous

Parfois, la vie nous envoie des événements bouleversants ;
ils nous chamboulent et nous font perdre pied. Ces événements
catalyseurs sont des leçons de vie. C'est à ce moment
précis qu'il nous faut ouvrir notre esprit et comprendre
les énergies en mouvement pour pouvoir les utiliser.
La Maison Dieu nous invite à prendre conscience qu'une profonde
transformation spirituelle, émotionnelle et matérielle
est nécessaire. Le temps est venu de transmuter le négatif en positif.

Dans un tirage

Sens général

La Maison Dieu est un arcane puissant aux effets concrets et imprévisibles. Il invite à effectuer un travail de prise de conscience de nos limites et emprisonnements, sur les plans physique, émotionnel et mental. Il permet, en même temps, de s'en libérer. Ce n'est pas un arcane confortable à vivre, car rencontrer La Maison Dieu peut donner l'impression que tout s'écroule autour de soi. L'aspect destructeur de l'arcane est inévitable. Il a pour effet de libérer ce qui était emprisonné ou réprimé, particulièrement au niveau de l'expression de soi et de la communication avec les autres.

La difficulté de cet arcane tient au fait qu'il peut être interprété littéralement, comme l'annonce d'une rupture, d'une fracture, d'une perte ou de tout autre événement brutal en lien avec l'iconographie de l'arcane. Il est cependant nécessaire de dépasser ce niveau émotionnel, en se souvenant que La Maison Dieu est un arcane de libération, qui ouvre la voie à des changements bénéfiques.

Plan personnel

La Maison Dieu invite à briser les rigidités du mental et toutes les stratégies défensives mises en place dans le passé. Elles ne correspondent plus à notre aspiration à nous épanouir dans des relations plus harmonieuses avec nous-mêmes et les autres. Aussi est-il nécessaire de s'en séparer. C'est à ce prix que la libération peut s'accomplir.

Plan spirituel

La Maison Dieu invite à se libérer de son ego spirituel. Il se manifeste par les prétentions du mental à avoir atteint la sagesse. L'arcane invite à s'ouvrir, avec humilité, aux messages des plans supérieurs afin de permettre une communication authentique et sincère entre « l'âme et son Dieu ».

XVII - L'Étoile ou la vérité intérieure

L'Étoile est une des plus belles cartes du tarot. Une jeune femme nue verse l'eau de ses deux cruches sur le sol. Au-dessus d'elle, sept petites étoiles colorées entourent une grande étoile, d'un rayonnement plus intense, qui peut évoquer Vénus, aussi appelée « l'étoile du Berger », première à s'allumer dans le ciel à la fin du jour et dernière à disparaître à l'aube. Le poète André Breton voyait en elle l'inspiratrice des écrivains et des artistes. Il lui dédie un très beau texte consacré à l'amour, intitulé Arcane 17 *(Éditions 10/18, 1971).*

On croit en sa bonne étoile. On la prie ou on la remercie lorsque la chance nous sourit. L'Étoile est toujours porteuse d'espoir. Dans la mesure où c'est un astre, elle est en lien avec les forces cosmiques. Croire en sa bonne étoile, c'est avoir le sentiment d'être protégé·e et de recevoir un don qui vient du ciel.

L'Étoile sert aussi de guide et de boussole. Elle aide à s'orienter. Depuis la nuit des temps, les peuples marins se sont dirigés sur les mers en regardant la carte céleste des constellations. C'est encore une étoile qui guida les rois mages à travers les déserts jusqu'à la grotte de Bethléem. Dans la tradition chrétienne, elle est le symbole de la nativité qui permet de se relier à la part la plus lumineuse de soi, sous la forme d'un enfant à naître.

Le nombre dix-sept

Le nombre dix-sept s'obtient par l'addition de dix et de sept, le nombre du Chariot (VII) où des étoiles constellent le dais qui couvre la tête du conducteur. Dans l'arcane XVII, le voile est désormais levé, et les étoiles déversent directement leur influence bienfaisante sur la terre.

L'Étoile est un symbole astronomique très ancien, sans doute aussi ancien que l'humanité. Sa signification varie avec le nombre de ses branches. Dans l'arcane XVII, elle en possède huit, nombre bénéfique entre tous. Lorsqu'on additionne les chiffres qui composent le nombre dix-sept de L'Étoile, c'est encore le huit qu'on obtient (17 = 1 + 7 = 8), le nombre sacré de la perfection et de la complétude, et c'est encore huit étoiles qui brillent dans le ciel de l'arcane XVII.

Interprétation symbolique de L'Étoile

La jeune femme nue de l'arcane XVII est une représentation archétypale du féminin, dans sa tonalité d'amour et de procréation. Elle peut évoquer à la fois Vénus, déesse de l'Amour, mais aussi Marie qui, dans la tradition chrétienne, est souvent représentée entourée d'étoiles, ou encore la déesse Ishtar, appelée aussi Inanna, la Dame du Ciel, vénérée en Mésopotamie, trois mille ans avant Jésus-Christ. C'était une déesse de l'Amour et de la Procréation, aussi associée à la guerre et à la mort. L'arcane XVII ne retient cependant que l'aspect lumineux de ces grandes déesses de Fertilité et d'Amour. Il s'incarne à travers L'Étoile et rayonne, comme elles, sa lumière.

Grâce à l'eau fertilisante que la jeune femme nue de l'arcane XVII déverse sur la terre, la végétation et la vie semblent renaître autour d'elle. Sa nudité, semblable à celle des Vénus/Aphrodite de l'Antiquité gréco-romaine ou de la Renaissance italienne, ne dissimule rien de sa beauté. Elle est le gage d'une authenticité et d'une vérité intérieure que le féminin peut atteindre, lorsqu'il se relie à la fonction nourricière et aimante.

Comme l'eau versée sur le sol peut symboliser la vie qui renaît après la sécheresse, L'Étoile incarne l'altruisme et la générosité qui agit dans l'oubli de soi. Tout entière dans la jouissance du don, elle n'attend rien en retour, si ce n'est d'exprimer sa vérité profonde. Ayant dépassé le stade de l'ego, elle est pur amour. Elle sert de médium entre l'énergie cosmique, qu'elle reçoit des étoiles, et la Terre. Elle accomplit son action bienfaisante, agenouillée, comme un rituel d'offrande et de purification, comme un baptême, promesse de renaissance. L'eau purificatrice déversée sur le sol devient le symbole de la source ou de la fontaine de vie qui, de tout temps, ont été les images utilisées par les mystiques pour décrire l'expérience de plénitude totale qu'est la rencontre avec le divin.

L'Étoile peut être mise en relation avec la deuxième phase du grand œuvre alchimique, l'*albedo* ou « œuvre au blanc » (*albedo* dérive de *alba* qui signifie « blanc » en latin). Elle correspond à l'aube, à la purification de la matière après son passage dans le four de l'athanor. L'œuvre au blanc s'effectue grâce à l'eau qui lave les résidus obtenus après leur première transformation par le feu. Elle les nettoie et les clarifie. Psychologiquement, cette phase de purification par l'eau permet de reprendre espoir après la confrontation avec la peur et l'angoisse de l'œuvre au noir.

Or ces eaux calmes sont de lait [...]. Le pont lavé [...], d'une eau pareille en songe au mélange de l'aube, fait une belle relation du ciel.

Saint-John Perse, *Éloges*, Gallimard, coll. Poésie, 2011.

Cependant, L'Étoile étant un astre nocturne, ce ressourcement se vit dans une tonalité de clair-obscur, d'intimité et d'intériorité. C'est au cœur de la nuit que L'Étoile de l'arcane XVII diffuse sa douce lumière. Elle guide de sa clarté celui qui s'est aventuré dans les gouffres obscurs des arcanes de transformation précédents du Diable (XV) et de La Maison Dieu (XVI). Une fois l'épreuve traversée, l'initié peut désormais s'immerger dans le rayonnement bénéfique et fertile de L'Étoile. Elle dispense autour d'elle la vie, la beauté et l'amour. Comme une mère prend son enfant dans ses bras, elle l'apaise et le réconforte de son amour inconditionnel. Elle dissipe les dernières ombres qui s'accrochent encore à lui.

L'Étoile n'est cependant qu'une étape dans son parcours. Comme l'aube est promesse de jour, l'arcane XVII lui permet de se désaltérer à sa source et de reprendre des forces avant de poursuivre son initiation avec les arcanes suivants.

Invitation de L'Étoile

Lorsque L'Étoile apparaît dans un tirage, elle suggère de s'interroger sur la façon dont on accueille sa propre beauté, ainsi que les dons reçus à la naissance. Elle invite à les manifester pour trouver sa place dans le monde en contribuant à l'embellir de sa créativité.

L'Étoile vient questionner la manière dont on se relie à sa vérité intérieure en se dépouillant, comme la jeune femme nue de l'arcane XVII, de tous les artifices ou masques qui peuvent lui faire écran. Elle encourage à être en lien avec sa nature profonde et les aspirations les plus authentiques de son être intérieur.

De plus, comme dans l'arcane XIIII de Tempérance, on peut penser que l'eau manipulée par L'Étoile symbolise les fluides et les énergies qu'elle canalise, à partir des plans célestes, pour les amener sur terre et apporter soulagement et réconfort à celles et ceux qui sont dans la souffrance. L'Étoile la déverse autour d'elle. Dans un pur acte d'amour et d'altruisme, elle contribue, par ce geste, à entretenir la vie et la beauté autour d'elle. Elle invite à l'oubli de soi pour parvenir à se relier à son Étoile et en recevoir réconfort et guidance tout en en faisant bénéficier son entourage.

Ombre de L'Étoile

En tant qu'archétype féminin maternel, L'Étoile peut révéler une féminité mal vécue ou des conflits transgénérationnels non réglés avec sa mère ou les femmes de sa lignée, dont les enfants héritent, comme ils le font des bijoux ou du linge de maison. Il peut s'agir de place et/ou de reconnaissance à restaurer dans une famille, une belle-famille ou une fratrie. Cela peut concerner des croyances limitantes sur le rôle assigné aux femmes qui ne correspondent pas à leur vérité intérieure ni à leurs aspirations profondes. Il peut aussi être question de culpabilité, de pardons difficiles et pourtant nécessaires, ou de deuils non faits.

D'une manière générale, L'Étoile peut révéler des blocages ou des gaspillages d'énergie. Une fois cette prise de conscience effectuée, elle sert de point d'appui pour régler les conflits qui peuvent l'être et accueillir ou découvrir une nouvelle facette de son être.

L'Étoile et nous

L'Étoile est une messagère. Notre intuition est stimulée grâce à elle. Carte de pureté et de simplicité, L'Étoile nous informe de l'absolue nécessité de prendre conscience du mélange harmonieux des énergies cosmiques et terrestres.
Nous sommes des poussières d'étoiles, relié·e·s à l'univers entier.

Dans un tirage

Sens général

Tirer L'Étoile est toujours bénéfique. C'est un arcane de chance et de protection. Elle invite à être authentique et à se sentir à sa place dans le monde, si humble soit-elle, pour exprimer ses qualités et embellir le monde de sa créativité. En tant qu'arcane des artistes, elle invite à avoir une activité artistique.

Plan personnel

L'Étoile est l'arcane du don et du pardon, de la générosité et de la compassion. Elle invite à cultiver en soi, en conscience, l'espoir et la bienveillance en se connectant à la beauté, à l'amour, ainsi qu'à tout ce qui procure de la joie. Pour y parvenir, il est nécessaire de se détourner de ce qui peut obscurcir sa lumière, particulièrement dans les périodes d'incertitudes et d'angoisse. L'Étoile invite à croire en sa bonne étoile en toutes circonstances, y compris les plus dures. Elle offre un espace où se ressourcer, comme un lieu de paix et de calme qu'il appartient à chacun de cultiver.

Plan spirituel

L'Étoile invite à se relier à son intuition en se connectant aux plans subtils et à s'en remettre à eux pour vivre l'amour universel et inconditionnel. Elle invite à accueillir ses dons de guérison, de clairvoyance et de médiumnité, lorsqu'ils se manifestent, avec gratitude, comme une grâce, et à en faire bénéficier les autres avec désintéressement et humilité.

XVIII - La Lune ou la puissance de l'intuition

Peu d'astres ont autant inspiré les poètes que la lune ! Décrite comme « frivole », « charmante », « capricieuse » « mélancolique » ou « de lait caillé », elle peut se parer « de brouillard pour lit de plume » ou, d'une façon plus inquiétante, être « l'œil borgne du ciel ». Dès l'Antiquité, la lune a été le lieu de toutes les rêveries et de toutes les fantaisies. Plus proches de nous, Jules Verne, le baron de Münchhausen, Tintin et le capitaine Haddock, ainsi que les frères Méliès entreprirent à leur tour leur voyage vers la lune, avant que la fiction ne devienne réalité, dans la nuit du 20 au 21 juillet 1969, avec la retransmission mondiale en direct, devant des millions de téléspectateurs, des premiers pas de Neil Armstrong et Buzz Aldrin sur la Lune — sans diminuer, en rien, la fascination que la lune continue d'exercer sur l'humanité.

Après La Papesse (II) et L'Impératrice (III), rencontrées par l'initié au début de son parcours, l'arcane XVIII peut être considéré comme une nouvelle représentation d'un archétype féminin maternel. Cependant, contrairement à ces représentations à figures humaines dotées d'un statut social, l'arcane de La Lune, en tant qu'astre céleste, participe d'un niveau cosmique. Elle incarne une tonalité du féminin dont la portée est générale et universelle. Comme La Papesse (II), La Lune représente l'intuition, mais, en tant qu'astre de la nuit, elle va la manifester à travers les rêves, les songes prémonitoires et toutes les formes de clairvoyance, clairaudience ou extra-lucidité qui naissent intuitivement. De même, on va retrouver chez elle l'imagination et la capacité de concevoir des projets de L'Impératrice (III), mais ces qualités vont s'exprimer plus spécifiquement à travers son pouvoir créatif, qui fait d'elle l'inspiratrice des artistes qui ont le pouvoir de faire vivre des univers fictifs.

Dans la tradition alchimique, la Lune est associée à l'argent et mariée au Soleil, dont le métal est l'or. Notons qu'aucun préjugé n'est lié à la valeur monétaire de l'argent ou de l'or. Les deux métaux sont parfaitement égaux, complémentaires et d'égale dignité, comme le sont La Lune et Le Soleil dans le tarot. Un adage alchimique précise d'ailleurs que le Soleil ne peut rien faire sans son épouse, *pas plus qu'un coq sans la poule*. Ils sont aussi indispensables, l'un que l'autre, à la réalisation du Grand Œuvre.

Observons encore que La Lune et Le Soleil (qui la suit dans l'ordre numérique des arcanes) forment ensemble un nouveau couple dans lequel une nouvelle fois le féminin précède le masculin, comme c'était déjà le cas avec La Papesse et L'Impératrice.

Le nombre dix-huit

Dix-huit est un nombre pair, passif et réceptif, comme l'astre lunaire qui n'émet pas sa propre lumière, mais la réfléchit du Soleil. Dix-huit est constitué du dix et du huit. Lorsque le huit (8) est positionné à l'horizontale, il évoque le signe mathématique de l'infini (∞). C'est un symbole cosmique qui facilite la connexion entre les mondes terrestre et céleste, comme le fait La Lune.

Interprétation symbolique de La Lune

En tant qu'astre en rotation constante autour de la Terre, la Lune est faite d'ombre et de lumière selon les phases de son cycle. Toujours changeante, toujours renouvelée, elle participe d'un ordre cosmique qui dicte la durée de son cycle de vingt-huit jours correspondant au cycle biologique de reproduction des femmes. Il règle aussi le cycle régulier des marées. Ces similitudes contribuent à faire de la Lune la maîtresse des eaux, celles matricielles où naît la vie, mais aussi celles des océans sur lesquels elle règne, ainsi que sur les animaux aquatiques, comme en témoigne la migration des crabes qui vont se reproduire, chaque année par milliers, sur certaines plages de l'océan Indien, la veille de la pleine lune de mai.

Mais le pouvoir que la Lune exerce sur les eaux est ambivalent : si l'eau est symbole de vie, elle porte aussi en elle la menace de crues dévastatrices, de submersion ou de déluges, dont de nombreuses traditions gardent le souvenir.

De plus, l'astre lunaire conserve une phase cachée, toujours invisible depuis la Terre. Symboliquement, elle correspond à ce qui est en lien avec l'ombre, l'inconscient, l'oubli, la mémoire fluctuante, le passé. La Lune échappe ainsi à la claire conscience du réel et de la raison. Elle réveille des peurs archaïques et possède l'ambivalence des déesses lunaires de l'Antiquité, en lien avec le mystère insondable de la vie et de la mort. La mythologie gréco-romaine l'a associée à Hécate, la déesse du Passage entre les mondes des vivant·e·s et des mort·e·s, celle qui préside aux destins funestes, aux sortilèges et aux tourments. Elle a longtemps éclairé – dit-on – les sabbats des sorcières, les soirs de pleine lune…

Les multiples aspects de la Lune rendent compte des relations de fascination et de crainte que les hommes et les femmes entretiennent avec elle depuis la nuit des temps. L'arcane XVIII en présente une synthèse, à travers les trois plans qui la constituent.

Le premier plan, situé dans la partie inférieure de l'arcane, est celui de l'Eau, élément vital aux origines de la vie. Il est constitué d'une sorte de bassin où une écrevisse est immergée. En tant qu'archétype féminin de la maîtresse des eaux, l'arcane de La Lune incarne l'aspect bénéfique des eaux matricielles de la mère cosmique. Mais le bassin possède aussi un aspect sombre et mystérieux. Les anciens le considéraient comme l'œil de la terre par lequel les habitant·e·s des mondes souterrains observent le monde des vivant·e·s. D'autant que symboliquement, l'écrevisse est, comme le crabe, un avatar des forces obscures qui vivent dans l'eau, traditionnellement liées à l'inconscient.

Le deuxième plan de l'arcane est celui de la terre. On y voit deux chiens qui peuvent évoquer des loups. Les chiens sont, eux aussi, des animaux associés aux mondes souterrains, à l'image de Cerbère, le chien à trois têtes gardien des Enfers de la mythologie grecque, mais aussi d'Anubis, le dieu funéraire égyptien à tête de chien. Quant aux loups, animaux sauvages par excellence, ils peuvent être négatifs en tant que loups-garous, ou bénéfiques lorsqu'ils incarnent la force vitale associée au féminin sacré des grandes déesses, maîtresses des animaux sauvages. Ils semblent garder les deux tours qui constituent une limite, un seuil. Elles indiquent la frontière qui sépare le connu de l'inconnu, où l'initié est invité à s'aventurer pour aller vers sa vérité.

Le troisième plan de l'arcane représente un ciel où la lune occupe une position centrale. Elle rayonne, entourée d'un champ d'énergies vibrantes de différentes couleurs. La tonalité bleue de l'arcane évoque l'expérience océanique du ventre maternel, celui des abysses insondables des grands fonds sous-marins ou l'immensité cosmique d'un ciel nocturne. Ce bleu profond est aussi, traditionnellement, la couleur attribuée au chakra du troisième œil de la tradition yogique, appelé *ajna*. Il gouverne la mémoire et l'imagination. C'est le centre énergétique de la sagesse et de la recherche spirituelle. Il est relié aux perceptions extra-sensorielles (télépathie, clairvoyance, clairaudience). Par son rayonnement, l'arcane de La Lune montre à l'initié la voie de l'illumination mystique révélée par l'arcane précédent de L'Étoile.

Invitation de La Lune

Cheminons un moment avec l'initié et suivons avec lui le sentier qui serpente dans l'arcane. Il doit d'abord longer un lac obscur et affronter ses peurs les plus archaïques et inconscientes, tapies au fond de l'eau comme l'écrevisse. Il lui faut ensuite faire face aux deux chiens à la gueule menaçante, puis dépasser les deux tours sécurisantes (les dernières constructions humaines), avant d'affronter le désert. Il est alors face à l'inconnu, vers lequel il avance, seul. Il doit pour cela faire preuve de courage et de détermination et trouver en lui la force de s'aventurer au-delà des frontières du connu.

Il semble encouragé à le faire par une Lune au visage bienveillant qui l'éclaire et semble le suivre du regard. L'astre lunaire exalte ses capacités à révéler des possibilités encore inexploitées, à faire preuve d'imagination et à développer le potentiel créatif qu'elle incarne.

La faible clarté qui émane d'elle est cependant d'une autre nature que la lumière du Soleil. Elle l'invite à se mettre à l'écoute de sa sensibilité et de son intuition, tout en veillant à ne pas se laisser prendre aux mirages de la rêverie pour ne pas rester prisonnier des filets de l'illusion – ou du passé – qui pourraient l'égarer.

Ombre de La Lune

La variabilité du cycle de La Lune en fait l'emblème de l'inconstance et des humeurs changeantes, dites « lunatiques ».

De plus, sa pâle lumière peut être source d'erreurs d'appréciation et de perceptions erronées. Ne dit-on pas que la nuit, tous les chats sont gris ? L'arcane peut incarner les doutes et les incertitudes, mais aussi les idées déconnectées du réel que l'on ressasse en boucle, avec un risque de dépression.

Elle peut aussi mettre en garde contre la tentation d'adopter des conduites de fuite pour ne pas se confronter à la réalité.

En outre, en tant que maîtresse des eaux associées au domaine de l'affectivité et de la sensibilité, La Lune attire l'attention sur le risque d'être submergé·e, voire englouti·e, par ses émotions ou sa sensibilité, lorsqu'on les laisse déferler sans les canaliser.

La Lune et nous

Elle veille… sur nos rêves enfouis dans notre
subconscient, sur nos intuitions inexplorées, sur notre
psychisme, sur nos vies antérieures et nos racines.
La Lune, symbole de l'imaginaire et du passé,
met à nu nos émotions, nos tourments et nos peurs cachées
dans l'eau du grand bassin.
Écoutons nos rêves et réalisons-les.

Dans un tirage

Sens général

La Lune invite à dépasser ses doutes et ses peurs pour explorer de nouveaux territoires en voyageant (au sens littéral de l'arcane) ou, métaphoriquement, en développant sa créativité grâce à la poésie, la musique, la danse ou tout autre moyen d'expression artistique.

Plan personnel

La Lune invite à accueillir sa sensibilité, son intuition et toutes les perceptions subtiles de type prémonition ou médiumnité, souvent désignées sous le nom de « sixième sens », comme une richesse, sans les craindre, en faisant confiance à la partie rationnelle de sa personnalité pour gérer ces aspects de soi venus de l'inconscient ou des mondes invisibles tout en restant connecté·e au réel.

Plan spirituel

La Lune représente une énergie créatrice et féconde. Elle invite à se connecter à sa pâle lumière pour accéder à la connaissance intuitive du miracle de la vie et de son mystère.

XVIIII - Le Soleil ou la lumière de la conscience

Dans l'arcane XVIIII, le Soleil occupe la moitié supérieure de la carte. Il est humanisé comme l'était déjà La Lune. Il regarde franchement, en face, avec bienveillance. C'est un soleil rayonnant, situé au zénith. Il élimine toutes les ombres.

Dans de nombreuses cultures, le Soleil est la manifestation du divin à l'origine de la vie. Il incarne une sorte de père universel qui veille sur les hommes. Dans l'arcane XVIIII, ses bénédictions sont symbolisées par les gouttelettes colorées se déversant sur les deux enfants. On peut les rapprocher des deux enfants de chœur de l'arcane V qui reçoivent la bénédiction du Pape (V) – qui, rappelons-le, est lui aussi un archétype paternel. Leur présence dans l'arcane XVIIII peut de ce fait être interprétée comme un rappel de la fonction symbolique paternelle du Soleil répandant à profusion son amour et son énergie fécondante sur les hommes et les femmes. De même, il est possible d'interpréter la présence du muret derrière les enfants comme un rappel des qualités de bâtisseur de l'autre archétype paternel des majeurs du tarot, L'Empereur (IIII).

Ainsi Le Soleil fait la synthèse des arcanes masculins et paternels du Pape (V) et de L'Empereur (IIII, tout en les incarnant à un niveau cosmique, comme un symbole dispensateur de vie.

L'assimilation du Soleil au divin est relativement récente en regard de l'histoire de l'humanité, vieille de plusieurs millions d'années. Elle date de deux à trois millénaires av. J.-C., en Mésopotamie et en Égypte. Il a fallu, en outre, attendre la Renaissance avec Copernic, puis Galilée, pour que le Soleil trouve enfin sa place au centre du système solaire et détrône la Terre, qui jusque-là, siégeait immobile au centre de l'univers. Le tarot ne garde pas trace de cette histoire et représente Le Soleil dans toute sa magnificence.

Le nombre dix-neuf

C'est un nombre impair masculin. La somme des chiffres qui le compose est dix (19 = 1 + 9 = 10), se réduisant à un, puisque zéro n'a pas de valeur (10 = 1 + 0 = 1). Un est le premier des nombres. Il contient, potentiellement, toute la création. Il se régénère au niveau des dizaines, à l'image du soleil qui se lève chaque jour et dissipe l'ombre de la nuit en illuminant le ciel.

Interprétation symbolique du Soleil

L'arcane XVIIII est un archétype émetteur et actif. Il est symbole de lumière, de chaleur et de joie. Il apporte la vie à toutes les créatures. C'est l'arcane de l'humanisme triomphant, de la construction sociale, de l'entraide et de la fraternité. Du fait de la présence des enfants, c'est aussi celui de la famille et du couple.

On peut interpréter les deux enfants de l'arcane XVIIII comme un rappel des deux diablotins enchaînés aux pieds du Diable de l'arcane XV (dont ils conservent encore la trace autour du cou). L'énergie qui était enfouie sous terre dans l'arcane du Diable se manifeste désormais au grand jour. Les enfants sont libérés de toutes les dépendances et des attachements qui les maintenaient prisonniers. Mais on peut aussi considérer qu'ils sont, comme n'importe quel enfant, un miracle de la vie et une promesse de régénérescence et de renouveau. Ils symbolisent un état d'innocence et de spontanéité qui rappelle celui de l'Éden.

Le Soleil est l'arcane de tout ce qui se construit au grand jour, au vu et su de tou·te·s et pour le plus grand bien de tous les êtres concernés. Il rend les êtres et les situations visibles, perceptibles et identifiables. Il est du côté du conscient, de la raison et de l'esprit. Dans l'analyse symbolique qu'il fait du soleil, C. G. Jung le considère comme l'archétype d'une conscience stable et continue (*Mysterium conjunctionis*, La Fontaine de Pierre, 1982). Il participe du *logos*, un concept hérité du monde grec qui désigne la parole et, par extension, la capacité mentale de raisonner, mais aussi la capacité d'agir ainsi que le libre arbitre. Le Soleil symbolise une conscience éclairée, qui accède à la compréhension de ce qui était obscur ou inconscient et parvient à le verbaliser.

Le *logos* s'oppose à l'*éros*, autre concept hérité de la philosophie helléniste. L'*éros* désigne une conscience dont les attributs sont les perceptions sensorielles et l'affectivité permettant d'accéder au domaine des sentiments, de l'intuition et de l'inconscient, qui échappe à la conscience rationnelle.
Logos et *éros* sont deux concepts à la fois complémentaires et opposés, comme le sont les concepts psychologiques de l'*animus* ou de l'*anima*, qui sont une autre manière d'appréhender les principes masculin et féminin dont les arcanes de La Lune et du Soleil sont les représentations symboliques.

Invitation du Soleil

Du fait de son symbolisme de père bienfaiteur régnant sans partage au zénith et dispensant ses bienfaits sur la terre, de nombreux rois firent du soleil l'emblème de leur royauté. Certains ont cependant été des despotes et ont exercé leur pouvoir sans mesure. Le Soleil nous invite à ne pas faire comme eux, mais à faire usage du pouvoir dont nous disposons, chacun·e à notre niveau, avec humilité et modération.

Deux mythes peuvent nous permettre de prendre la mesure de nos possibilités et de nos limites face à la puissance du Soleil. Le premier est celui d'Icare, fils de Dédale, qui n'écouta pas les conseils de son père et fit fondre ses ailes de cire en voulant trop s'approcher de l'astre et en mourut. Le mythe peut être interprété comme une invitation à agir avec mesure et prudence. C'est une incitation à ne pas céder à ses désirs ni impulsions sans anticiper leurs conséquences.

Le second a une portée collective. Il s'agit du mythe de Phaéton, fils d'Hélios, dieu du Soleil, qui emprunta le char solaire de son père sans savoir le conduire. Il perdit le contrôle des chevaux qui se détournèrent de leur course et renversèrent le char de feu, occasionnant ainsi des incendies dévastateurs sur terre, jusqu'à ce que Zeus intervienne et foudroie Phaéton pour rétablir l'ordre du monde. Loin d'appartenir au passé, à l'heure où des forêts immenses disparaissent dans les flammes partout dans le monde et où la menace du feu nucléaire pèse sur la planète, ce mythe reste plus que jamais d'actualité. Il montre combien l'orgueil et la prétention de Phaéton causèrent des dommages irréparables sur son environnement.

Ces mythes nous incitent à accepter nos limites personnelles ainsi que celles de la planète, en ne surestimant pas notre capacité à maîtriser le feu qui est l'attribut traditionnel du Soleil.

Pour ne pas être dévastatrice, la chaude lumière du Soleil a besoin d'être tempérée par une ombre fraîche – le feu qui l'anime réchauffe alors sans brûler. De même, la conscience claire et rationnelle qui agit sur le monde – dont Le Soleil est le symbole – a besoin d'être modérée par l'ambiguïté et les affects de La Lune pour maintenir l'équilibre entre l'ombre et la lumière, faute de quoi la lumière éblouissante du soleil peut devenir aveuglante. Elle empêche alors de faire usage de son discernement pour évaluer, en conscience, les conséquences destructrices de ses actes en outrepassant, comme Icare, les limites de ses ailes de cire ou en surestimant, comme Phaéton, ses capacités à maîtriser la puissance de feu du char solaire.

La difficulté à accepter individuellement et collectivement à la fois nos limites et celles de la planète se fonde sur la croyance en la suprématie absolue de la raison et de la connaissance scientifique (dont le Soleil est le symbole), et sur la conviction d'agir pour le bien de tous. Même si, aujourd'hui, force est de constater que, malgré les progrès indéniables réalisés dans les domaines du savoir, de la technologie ou de la médecine, tou·te·s les habitant·e·s de la planète sont loin d'en bénéficier de la même manière. Le fait de ne pas laisser de place à l'incertitude, à l'affectif ou à l'intuition (qui sont des attributs lunaires) peut rendre prisonnier·ère d'une vision basée sur la recherche exclusive de la performance. Cette quête d'efficacité gouvernée par une volonté de puissance, apanage du masculin solaire, peut avoir des effets négatifs et dévastateurs. Elle résulte de la coupure d'un masculin perverti avec son pôle complémentaire féminin refoulé, que le tarot invite à réparer grâce au mariage du Soleil et de La Lune qui symbolisent les pôles réconciliés de la psyché.

Ces noces ont pour but de réaliser l'unité intérieure d'une conscience parvenant à faire usage de sa raison et de son discernement tout en étant reliée à ses affects et au respect du vivant, dans sa profusion et sa diversité.

Ombre du Soleil

L'aspect négatif de l'arcane XVIIII se manifeste à travers l'orgueil et la démesure. Ils peuvent conduire aux abus de pouvoir et au recours à la force pour imposer son point de vue. Ils correspondent à l'exercice d'une autorité qui ne se remet pas en question.

L'ombre du Soleil peut aussi concerner le déni de toutes les formes de sensibilité, de fragilité ou de vulnérabilité, ressenties comme des faiblesses.

Le Soleil et nous

Le Soleil est l'astre de la vie. De son rayonnement puissant et réconfortant découlent des sentiments de clarté, de joie, de vitalité et une grande sérénité. Plénitude et calme nous envahissent.

Dans un tirage

Sens général

Le Soleil est un arcane très positif de réussite personnelle et sociale. Il incarne un idéal d'expansion et d'innovation. Il peut concerner le domaine professionnel, avec des projets participatifs et bénéfiques pour tou·te·s. Il est aussi en lien avec le domaine amoureux, familial ou, plus largement, relationnel.

C'est un arcane qui exprime l'amour et la chaleur des sentiments unissant deux ou plusieurs personnes, mais aussi la solidarité et l'entraide.

C'est l'arcane de l'intelligence et de la raison qui invite à acquérir une compréhension claire de ce qu'on vit sans rien laisser dans l'ombre.

◇◇◇◇◇◇◇◇◇◇◇◇◇◇ *Plan personnel* ◇◇◇◇◇◇◇◇◇◇◇◇◇◇

Le Soleil est l'arcane de la joie et de l'énergie vitale. Il invite à cultiver ces qualités et à les rayonner autour de soi pour en faire profiter harmonieusement son entourage, avec amour et bienveillance.

◇◇◇◇◇◇◇◇◇◇◇◇◇◇ *Plan spirituel* ◇◇◇◇◇◇◇◇◇◇◇◇◇◇

Le Soleil invite à se connecter, en conscience, à sa part la plus lumineuse, de façon à dépasser les jugements négatifs sur soi, mais aussi les doutes et les incertitudes et toutes les formes de pessimisme ou de découragement. C'est l'arcane de la foi, de la confiance en soi et dans la vie qui, en toutes circonstances, choisit l'espoir.

XX - Le Jugement ou l'éveil de la conscience

Le Jugement (XX) est un arcane à forte connotation religieuse. Il s'inspire de l'épisode du jugement dernier de l'Apocalypse de saint Jean qui fut, pendant des siècles, une source d'inspiration pour l'iconographie chrétienne, maintes fois représenté sur les frontons des cathédrales, les vitraux et dans la statuaire sacrée. L'arcane du Jugement du tarot participe de cette tradition et se réfère explicitement au chapitre xx de l'Apocalypse (versets 11 et 12 du dernier livre du Nouveau Testament), dont il porte le nombre — coïncidence qu'il est difficile de considérer comme fortuite tant il existe de similitudes entre l'arcane et le texte biblique.

L'Apocalypse de saint Jean est un texte prophétique datant du Ier siècle après J.-C. Il a pour fondement une série de visions traditionnellement attribuées à saint Jean. Elles annoncent la destruction de l'humanité corrompue ainsi que l'avènement d'un monde nouveau, la « Jérusalem nouvelle », qui symbolise un nouvel âge d'or et récompense les élus.

Le chapitre x de l'Apocalypse évoque un ange jouant de la trompette avec une face « comme le soleil » (Ap x, 1), tout comme celui de l'ange représenté sur l'arcane XX. Mais, alors que le coup de trompette de l'Apocalypse annonce la destruction de l'ancien monde corrompu, rien dans l'arcane du Jugement n'évoque cette rigueur punitive. Le souffle de l'ange à la trompette est rédempteur. Il accompagne la résurrection d'un personnage sortant d'une tombe, qui fait face à une femme et à un vieillard qui l'implorent ou lui rendent grâce. La couleur bleue de leurs cheveux, symbole de spiritualité, révèle qu'il ne s'agit pas de simples mortels, mais d'archétypes.

On peut s'interroger sur le sens que peut avoir aujourd'hui l'évocation de cet épisode biblique. Il faut cependant se souvenir que si notre époque assimile l'apocalypse à des catastrophes et destructions massives accompagnant la fin du monde, le terme s'est éloigné de son sens d'origine. Étymologiquement, apocalypse *signifie « dévoilement » ou, sous son aspect religieux, « révélation », comme une occasion offerte de trouver une issue à une situation désespérée ou de parvenir à la révélation de notre être véritable à travers des épreuves. C'est cette perspective que retient le tarot.*

Le nombre vingt

Avec l'arcane XX du Jugement (XX) commence la seconde série décimale du tarot. Il indique qu'un nouveau cycle commence. Le Jugement est, à nouveau, un arcane de changement et de transformation comme l'était, au niveau des dizaines, La Roue de Fortune (X).

Interprétation symbolique du Jugement

Si on se réfère au texte de l'Apocalypse de saint Jean, on peut considérer que la femme aux cheveux bleus incarne une image archétypale du principe réceptif et féminin. Le Soleil, quant à lui, émetteur et masculin, représente le principe d'une connaissance transcendantale. Né de l'union sacrée du Soleil et de La Lune (qui sont les arcanes qui précèdent l'arcane du Jugement), l'enfant sortant de la tombe est un symbole annonçant la venue d'un âge nouveau mettant fin à l'âge de ténèbres que vit l'humanité.

Ces noces sacrées de La Lune et du Soleil étaient facilement déchiffrables pour les initié·e·s familiers·ères de l'alchimie ou de l'hermétisme. Grâce à la psychologie analytique de C. G. Jung, cette union devient compréhensible aujourd'hui. On peut l'interpréter comme un dépassement des tensions qui existent entre les forces antagonistes présentes dans la psyché : passif/actif, conscient/inconscient, masculin/féminin... Cette *conjonction des contraires*, pour reprendre la terminologie de C. G. Jung (*Mysterium conjunctionis*, Albin Michel, 1982), constitue une étape déterminante du processus d'évolution décrit par le tarot grâce à l'intégration et à l'harmonisation de ces éléments conflictuels dans une totalité qui correspond à l'accomplissement du Soi.

Dans l'arcane du Jugement, le potentiel de cette réalisation est symboliquement annoncé par la naissance de l'enfant aux cheveux bleus. Celui-ci représente l'archétype du *puer aeternus*, l'enfant divin. Il symbolise non pas une forme d'inconscience enfantine, mais au contraire la capacité d'évolution et de régénération qui existe en tout adulte conservant en lui vivant le potentiel de renouveau qu'incarne l'enfant.

Quant au vieillard, on peut le considérer comme un archétype de sagesse, lié à la connaissance universelle qui concerne tous les êtres. C'est aussi un symbole de longévité qui, par là même, échappe aux limites du temps et existe avant l'origine et la fin du monde, à laquelle il survit.

Avec l'arcane XX, l'initié du tarot s'approche du terme de son parcours. Grâce à l'intervention de l'ange, messager du divin, cet arcane porte un message d'espoir et de guérison (symbolisé par l'enfant qui sort de la tombe et triomphe de la mort).

Invitation de l'arcane du Jugement

Le message de l'arcane du Jugement possède plusieurs niveaux d'interprétation. Le premier concerne l'individu. Au niveau le plus littéral, Le Jugement peut révéler une problématique liée à l'acte de juger. Il invite à s'interroger sur la part de responsabilité qui incombe à chacun dans les événements survenant dans la vie, souvent de manière imprévue (comme un coup de trompette), car le Jugement est un arcane de dévoilement. Tout se fait désormais au grand jour et à grand bruit, grâce au Soleil et à la trompette. L'arcane n'a rien de mystérieux, de caché ou d'occulte. Il se situe sur le plan de la manifestation, comme dans le Jugement dernier de la Bible, où chaque homme et chaque femme doivent rendre compte de leurs actes devant Dieu et en évaluer les conséquences.

Le second niveau d'interprétation est collectif. Il est plus que jamais d'actualité. Il concerne l'état et le devenir de l'humanité qui doit affronter de grands défis liés au dérèglement climatique et à la maîtrise du feu nucléaire susceptibles de créer des apocalypses qui n'auraient rien à envier à celle de saint Jean. Aussi aurait-elle intérêt à se souvenir de la révélation de l'Apocalypse sur son anéantissement possible qu'évoque, à peine dissimulé, l'arcane XX du Jugement.

L'humanité inconsciente de la réalité illusoire de la vie est invitée à se « réveiller », à l'image des mort·e·s du Jugement dernier décrit dans la Bible, lorsque sonne la trompette du septième ange ou du personnage sortant de la tombe de l'arcane XX. L'arcane du Jugement cache, sous son langage symbolique, une révélation métaphysique. Elle prépare l'initié à l'éveil de conscience qui se produira avec l'arcane suivant du Monde (XXI).

Ombre du Jugement

L'arcane XX met en garde contre les jugements erronés et les dénis de vérité liés au refus de se remettre en cause, qui sont les formes les plus courantes de l'acte de juger.

Il évoque aussi l'indécision, l'hésitation ou la difficulté de choisir. L'arcane du Jugement ne laisse pas de place aux tergiversations ou aux repentirs.

Le Jugement et nous

La soudaine apparition de l'ange du Jugement nous irradie immédiatement. Un vent de vérité universelle et de bouleversements souffle. Il est impossible de ne pas l'entendre, ou de s'échapper.

Dans un tirage

Sens général

D'une manière générale, Le jugement est une carte positive et bénéfique. Elle annonce souvent un changement de situation, comme La Roue de Fortune (X). Il peut s'agir de guérison, du dénouement d'un conflit, de la fin d'une épreuve (ou d'un procès) ou encore de l'aboutissement d'un projet. Cette amélioration se produit souvent de manière imprévue et soudaine.

Littéralement, Le Jugement peut annoncer une nouvelle ou un événement inattendu qui fait grand bruit (comme la trompette de l'ange). Il peut aussi se référer à une action en justice sur le point de se dénouer.

Plan personnel

Au niveau psychologique, l'arcane du Jugement est une carte de résolution des tensions et de dépassement des conflits. Il permet à ce qui était enfoui (un désir, un appel ou une vocation) d'émerger à la lumière de la conscience, tel l'enfant qui sort de la tombe. Il invite à se mettre à l'écoute de ses aspirations profondes.

Plan spirituel

La rencontre avec l'ange du Jugement (qui est le troisième ange du tarot) invite à se relier à son intuition pour en recevoir protection et guidance.

Le Jugement annonce un changement qui s'opère grâce à de nouvelles compréhensions et prises de conscience.

XXI - Le Monde ou l'accomplissement de la voie

Le Monde porte la valeur la plus élevée dans la suite numérique des arcanes. Il constitue le terme du voyage entrepris par Le Bateleur (I) engagé dans la voie de transformation du tarot. Au cours de cette aventure, il lui a fallu intégrer les expériences et les apprentissages des vingt arcanes précédents, comme autant d'étapes le préparant à l'accomplissement de l'arcane XXI. Celui-ci marque l'apothéose d'un processus d'évolution accompli.

Le Monde est un arcane de réalisation. On y voit une jeune femme nue qui semble danser à l'intérieur d'un ovale en forme d'amande. Dans l'art sacré, on rencontre cette figure constituée par l'intersection de deux cercles sous le nom de « mandorle » (de l'italien mandorla, *« amande »). Dans l'art religieux, la mandorle est habituellement réservée au Christ ou à la Vierge Marie, qu'on dit alors « en gloire » ou « en majesté ». Le tarot se démarque de la tradition chrétienne en mettant au cœur de la mandorle non pas un christ ou la vierge Marie, mais une jeune femme nue qui danse. Il invite ainsi à prendre en compte d'autres aspects de cette figure géométrique universelle.*

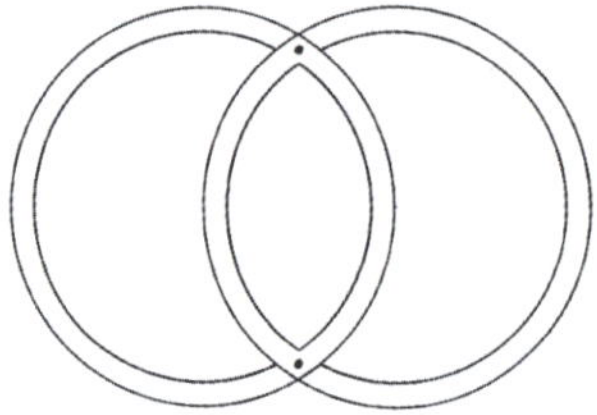

La mandorle est une figure de forme ovale
née de l'intersection de deux cercles.

La danseuse au centre de la mandorle est entourée par quatre figures formant un carré. Elles représentent trois animaux (un taureau, un lion, un aigle) et un ange (ou homme ailé) que la tradition chrétienne considère comme une représentation des quatre évangélistes qu'elle appelle « tétramorphe ». On rencontre cette figure sur de nombreux frontons et vitraux d'églises. Sa présence dans l'arcane d'accomplissement du Monde témoigne, une nouvelle fois, de l'influence de la tradition chrétienne dans le tarot. Mais elle s'explique aussi par la grande richesse symbolique de cette figure qui va au-delà de l'interprétation donnée par l'Église.

Le nombre vingt et un

Le nombre vingt et un est constitué du nombre deux, symbole de la dualité, et du nombre un, associé à un principe émetteur et créateur, souvent interprété comme une représentation du divin. Dans le nombre vingt et un, ces énergies de la division et de l'unité, de la manifestation et de la création, se rencontrent et fusionnent pour donner naissance à un nouveau nombre dont la somme des composants est égale à trois (21 = 2 + 1 = 3). Symboliquement, trois représente une nouvelle énergie qui se met en mouvement. L'arcane du Monde correspond à la fois à un accomplissement et à un nouveau départ.

Interprétation symbolique du Monde

La mandorle dans laquelle danse la jeune femme nue, au centre du Monde, est une figure qu'on peut interpréter de plusieurs façons, chacune d'elles contribuant à la compréhension d'un aspect de l'arcane.

Comme l'amande au cœur du noyau du fruit du même nom, la mandorle peut symboliser la connaissance cachée et correspondre à l'aspect ésotérique du tarot.

Mais sa forme ovale évoque aussi le symbole philosophique de l'œuf, présent dans de nombreuses traditions. Dans la mythologie grecque, la plus proche culturellement des origines du tarot, l'œuf est un symbole cosmique. C'est le germe à partir duquel se développe la création. Il naît du chaos et représente la totalité parfaite contenant le Tout où rien n'est différencié. Il symbolise l'unité originelle qui, une fois brisée, devient la terre dans sa partie inférieure et le ciel dans la partie supérieure. De cet œuf naît ensuite Phanès, un dieu androgyne présent depuis la nuit des temps. Il incarne une force de vie poussant les moitiés séparées à se réunir à nouveau pour retrouver l'unité perdue et la plénitude des origines. En mettant au centre de l'arcane du Monde une belle jeune femme nue qui danse, le tarot fait de la beauté des corps, mais aussi des arts, et particulièrement de la danse, une voie d'accès vers l'unité perdue. Celle-ci réside au cœur de l'œuf cosmique, qui symbolise le « Un », l'unité originelle d'où toute chose provient et où toute chose retourne.

On peut aussi établir un rapprochement entre la danse de la jeune femme de l'arcane XXI et celle du dieu hindou *Shiva Nataraja*, un des dieux majeurs de l'hindouisme, à l'origine du renouvellement constant de l'univers grâce au processus de création/conservation/destruction. Selon cette tradition, la danse est plus ancienne que le monde, car c'est en dansant que Shiva crée le monde. De ce fait, le divin n'est pas distinct de sa création, ni extérieur à elle, puisque danse et danseur ne font qu'un. De plus, dans cette tradition, Shiva est inséparable de sa *shakti* (sa parèdre ou épouse) qui représente l'énergie féminine manifestée. Dans cette perspective, on peut considérer la jeune femme nue qui danse dans la mandorle du Monde comme une représentation du divin créant le monde en même temps qu'il le danse, fusionnant avec sa part féminine qui le manifeste. Elle symbolise ainsi l'union accomplie au cœur de la divinité.

La tradition représente souvent le dieu dansant *Shiva Nataraja* foulant au pied le nain *Apasmara*, symbole de l'ignorance.

Enfin, par sa forme, la mandorle peut aussi évoquer « l'œuf philosophique » des alchimistes qui nommaient ainsi la matrice du four de l'athanor où s'opérait la transmutation des métaux. Au niveau symbolique, cette transmutation avait une dimension spirituelle. Elle était symbolisée par les noces alchimiques du roi et de la reine qui donnaient naissance à l'hermaphrodite (aussi appelé Rebis), un être double possédant à la fois des caractères masculins et féminins. Compte tenu de l'influence exercée par l'alchimie sur le tarot, on peut considérer la jeune femme de l'arcane XXI qui tient un bâton – symbole masculin – dans une main et un flacon – symbole féminin – dans l'autre comme une représentation de l'androgyne alchimique. Elle devient ainsi le symbole du dépassement de la dualité du masculin et du féminin et incarne « la fusion au cœur de la séparation » qui réalise l'union avec le divin (Diane Bellego, *Masculin/Féminin : L'Initiation amoureuse*, Guy Trédaniel, 2014).

Toutes ces interprétations ont en commun de faire de la danseuse le symbole d'un processus d'union intérieure retrouvé. Il permet d'expérimenter un changement de niveau de conscience donnant accès à la dissolution du petit moi dans le Grand Tout cosmique. Selon les traditions, cette expérience se nomme « éveil », « illumination », « libération », « réalisation du Soi », « atman », « corps de diamant », « Jérusalem céleste », « graal »... Elle se caractérise par l'effacement de l'ego dans un sentiment de plénitude et de félicité qui prend la forme d'une extase mystique.

L'arcane du Monde symbolise ainsi l'apogée du processus d'évolution intérieure de l'initié, arrivé au terme de son parcours. Il correspond à une expérience de réalisation intérieure qui constitue l'aboutissement de son engagement personnel dans la voie spirituelle du tarot. En langage alchimique, on peut considérer qu'il a réussi la transmutation du plomb en or. Il connaît la plénitude de l'accomplissement et danse sa joie en harmonie avec le cosmos.

Invitation du Monde

Il est cependant nécessaire de se souvenir que cette expérience d'éveil s'inscrit dans Le Monde, qui est celui de la dualité et de la matière. Elle est, de ce fait, soumise au temps et ne peut échapper à la loi d'impermanence qui concerne tous les phénomènes.

Aussi, quelle que soit l'expérience vécue et si intense soit-elle, la danse de la jeune femme nue du Monde invite à ne pas rester enfermé·e dans son monde intérieur, dans sa coquille/mandorle. Elle invite, au contraire, à s'ouvrir à de nouvelles expériences en se reliant au monde extérieur, dans un jeu de reflets dynamiques qui permettent à la voie passive et contemplative de l'être de rencontrer la voie active du faire.

Cette rencontre avec l'extérieur se produit, dans l'arcane XXI, grâce au carré constitué par les quatre figures entourant la mandorle. Traditionnellement, le carré représente le monde manifesté de la matière. En intégrant l'image du Soi réalisé (la danseuse de la mandorle) dans le carré des quatre figures, le tarot suggère que le divin est à la fois intérieur et extérieur au monde, immanent et transcendant. Il permet à l'initié de parvenir à l'accomplissement auquel l'invite l'arcane du Monde – sans devenir pour autant prisonnier de cette expérience.

Car son parcours ne s'achève pas avec l'arcane XXI. Il est suivi par le dernier (ou premier ?) arcane, non numéroté, du tarot : Le Mat, qui initie un nouveau cycle d'évolution.

Notons que l'imbrication de carrés et de cercles que l'on peut observer dans l'arcane du Monde permet de le considérer comme un mandala, c'est-à-dire une représentation archétypale du Soi et de l'univers. La similitude de l'arcane du Monde avec cette figure sacrée a été étudiée, de manière approfondie, par Alejandro Jodorowsky et Marianne Costa dans *La Voie du tarot* (J'ai Lu, 2004), ainsi que par Carole Sédillot dans *Jeu et enjeu de la psyché : Psychologie jungienne, alchimie et images du tarot* (Dervy, 2001).

Ombre du Monde :

Le repli sur soi, la fuite devant le réel, le retrait dans son monde intérieur/coquille protectrice et parfois aussi le désir de s'évader dans des états modifiés de conscience (y compris à travers des expériences spirituelles) peuvent révéler la peur d'affronter la vastitude et l'inconnu du monde.

Ils constituent l'aspect négatif de l'arcane XXI qui met en garde contre le risque de se déconnecter du monde (quel que soit le moyen utilisé) pour se protéger de la menace et de l'inconfort qu'il comporte.

Le Monde et nous :

Avoir Le Monde à ses pieds… Un monde de plénitude et d'épanouissement s'offre à nous en récompense des efforts consentis et des connaissances acquises. Il en est l'aboutissement. Le Monde concentre en lui toutes les énergies des autres arcanes qui lui donnent une puissance maximale. Profitons de cette oasis de paix et d'harmonie avec la vie.

Dans un tirage

Sens général

Le Monde est un arcane très positif de réussite et de réalisation personnelle dans tous les domaines (matériel, affectif, créatif et intellectuel). Il symbolise la chance et le succès, mais aussi la joie qu'exprime la danse de la jeune femme nue. Il invite cependant à ne pas s'enfermer dans sa zone de confort et à rester en contact avec le monde extérieur en continuant à expérimenter des voies nouvelles et inédites.

Plan personnel

L'arcane invite à prendre sa place dans le monde, en accord avec son être profond le plus intime symbolisé par la nudité de la jeune femme qui incarne, comme L'Étoile (VII), l'authenticité et la vérité intérieure.

Plan spirituel

Le Monde correspond à une période de transformation intérieure où les sentiments de séparation et de solitude s'estompent pour céder la place à une conscience nouvelle d'appartenance et de fusion avec le Grand Tout, vécues dans la plénitude et la joie.

Le Mat
ou l'homme qui marche

Le Mat est certainement l'arcane le plus énigmatique du tarot. C'est le seul à ne pas être numéroté. Il soulève la question de savoir où le situer dans la série des arcanes qui vont du Bateleur au Monde. Au début ? À la fin ? Certains tarots tentent de résoudre la difficulté en attribuant au Mat le chiffre arabe du zéro. Mais zéro n'a pas de valeur en soi. Le fait que les maîtres cartiers, à l'origine du tarot, ne l'aient pas attribué au Mat signifie qu'ils ont délibérément choisi de lui donner un statut particulier, inclassable, comme une sorte de joker, à l'image de l'« excuse » qui l'a remplacé dans le jeu de société appelé « tarot nouveau ».

L'étymologie du nom Mat possède sa part de mystère. Trois origines sont possibles :

1. *Mat peut venir de l'arabe et signifier « il est mort », comme dans l'expression « échec et mat » qui se dit d'un joueur d'échecs immobilisé qui a perdu la partie. Ce sens permet de rapprocher Le Mat de l'arcane XIII, qui évoque la nécessité de mourir pour renaître.*

2. *Mat peut aussi dériver du grec* mathe *qui a le sens de « savoir » qu'on trouve dans le mot « mathématique ». Ce qui laisse penser que le Mat possède un savoir et des connaissances qu'il pourrait transporter avec lui, dans le petit baluchon qu'il porte sur son dos. Il pourrait les avoir acquises au cours du cycle d'initiation qui vient de s'achever avec l'arcane XXI du Monde.*

3. *Mat peut aussi dériver du mot italien* matto *qui signifie bouffon ou fou du roi, comme le suggère son costume. Ce personnage avait pour fonction de faire rire. Il jouissait d'un statut ambivalent dans la société médiévale. Il était objet de moqueries tout en incarnant la liberté d'agir à sa guise, en faisant fi des usages et des lois qui s'appliquaient aux autres. Le bouffon possédait la « sagesse du fou ». Aucune de ces interprétations ne rend compte précisément du sens complexe de cette figure. D'autant que Le Mat peut encore être rapproché d'un autre personnage familier au Moyen Âge, celui du vagabond, du pèlerin, ou encore du colporteur.*

L'époque était nomade. Nombreux·ses étaient celles et ceux qui faisaient le choix de quitter la sécurité d'un foyer ou d'un couvent pour s'aventurer sur les routes, avec pour seule défense un bâton de marche devant faire face aux bandits, bêtes sauvages et chiens errants rencontrés sur la route. À tel point que la littérature et l'iconographie s'emparèrent de cette figure et l'utilisèrent comme une représentation allégorique moralisatrice de l'homme sur le chemin de la vie semée d'embûches, destinée à mettre en garde contre les vices et les tentations terrestres. Le succès de ce motif et sa permanence du Moyen Âge à la Renaissance expliquent pourquoi cette allégorie de l'homme marchant sur la route de la vie se retrouve dans le tarot qui participe du même univers culturel et historique.

Jérôme Bosch, volets fermés du *Chariot de foin*, musée du Prado, Madrid

Parmi les nombreuses représentations qui mettent en scène l'allégorie de l'homme marchant sur le chemin de la vie, celle du colporteur peint par Jérôme Bosch sur les volets fermés *Chariot de foin* (1501-1502) possède beaucoup de similitudes avec l'arcane du Mat. Elle met en scène un homme d'un certain âge, portant un vêtement déchiré au genou, une hotte en osier sur le dos, qui chemine sur une route, un bâton à la main, suivi par un chien qui montre ses crocs.

L'absence de numérotation du Mat

Bien que non numéroté, l'arcane du *Mat* est aussi le vingt-deuxième arcane majeur du tarot. Le nombre vingt-deux est un maître nombre (le même chiffre est répété deux fois). En numérologie, le maître nombre vingt-deux est celui des visionnaires, des créateurs de génie, des réalisateurs de grande envergure, mais aussi des fous et des déséquilibrés.

Interprétation symbolique du Mat

L'arcane du Mat échappe à toutes les classifications qui tendraient à le réduire à une seule interprétation. En tant que *matto*, ou fou, il incarne une forme de liberté absolue, en marge des interdits de la société. Il n'est pas dépendant du monde extérieur ni des institutions, qui n'ont pas de prise sur lui. Il est complètement autonome, et ses décisions ne dépendent que de son libre arbitre. Il ne se laisse pas réduire à un territoire, à une identité ou à une nationalité. Il est à la fois de nulle part et de partout. Il incarne une sorte de citoyen du monde qui va où il veut. À la fois sage et fou, clochard, marginal et vagabond, Le Mat jouit d'une liberté qui ne connaît de limites que l'usage qu'il en fait. Aussi court-il le risque de dépasser la frontière ténue qui existe entre raison et déraison, excentricité et marginalité, sagesse et folie…

Face à cet écueil, Le Mat a pour seul garde-fou son bâton. Comme pour L'Hermite (VIIII), ce bâton lui sert de point d'appui. Il est le symbole de sa force intérieure et de son centrage. Mais, à la différence de l'arcane VIIII qui s'inscrit dans la suite numérique progressive des arcanes majeurs, le Mat n'est pas numéroté. Il trace sa route, en dehors des sentiers balisés, là où tous les possibles sont ouverts. Il est en cela proche du Bateleur (I) qui ouvre la série des majeurs, tout en s'en différenciant par son âge – ce qui laisse supposer qu'il a parcouru toutes les étapes du chemin sans rien posséder, si ce n'est l'expérience acquise au cours de son chemin et contenue dans son baluchon. Le Mat symbolise ainsi l'homme arrivé au terme de son *Pèlerinage de vie humaine*, qui continue, néanmoins, à avancer... (Paule Amblard, *Un pèlerinage intérieur*, Albin Michel, 2008.)

Pèlerinage de vie humaine est le titre d'un ouvrage en vers et illustré d'enluminures, écrit au XIVe siècle par Guillaume de Digulleville, qui développe l'allégorie de l'homme marchant sur le chemin de la vie dont l'issue est fatale. Le livre fut un véritable « best-seller » dont le succès ne se démentit pas jusqu'à la Renaissance.

Invitation du Mat

Car le Mat avance. C'est un homme qui marche vers l'inconnu et l'imprévu associés aux voyages, et principalement à celui de la vie. Il échappe ainsi au risque inhérent de l'arcane précédent du Monde (XXI) de rester enfermé dans son monde, déconnecté de la vie et du réel. La marche du Mat initie un mouvement qui permet d'échapper à cet enfermement.

Dans la mesure où Le Mat fait la jonction entre le premier et le dernier arcane numéroté du tarot, on peut considérer ce mouvement comme circulaire et le rapprocher d'un des rites sacrés les plus anciens et universels de l'humanité, celui de la circonvolution ou circumambulation. Il consiste à effectuer une déambulation autour d'un espace sacré pour mettre en harmonie le monde avec les forces cosmiques. Il permet de s'élever du matériel vers le spirituel.

Ce mouvement circulaire suggère en outre l'idée d'un mouvement dans la continuité, où les cycles se suivent tout en se régénérant à chaque saison, à chaque génération, en conservant les acquis des cycles passés. Il permet d'opérer un rapprochement analogique avec le symbole de l'ouroboros, le serpent qui se mord la queue, présent dans de nombreuses traditions. Il représente l'univers qui, dans un cycle continuel, va du Un au Tout et revient du Tout à l'Un. Ce processus d'évolution ne se reproduit cependant pas à l'identique, mais s'apparente davantage à une spirale, à l'image de l'ADN qui est la base de toute cellule vivante.

Le symbole de l'ouroboros

La marche du Mat génère ainsi un renouvellement constant dans la structure ouverte du tarot. Elle indique que le cycle qui vient de s'achever, avec l'accomplissement de l'arcane du Monde (XXI), n'en constitue pas le terme. Il n'en est qu'une étape. Car le mouvement ne s'arrête jamais, et un cycle succède à un autre dans le mouvement continu et sans fin du vivant en évolution.

Le cycle qui vient de s'achever pourrait être celui d'une vie qui a transformé le jeune Bateleur inexpérimenté en homme mûr, mais libre. Devenu Mat, à la fois sage des savoirs acquis au cours des expériences vécues dans le passé et suffisamment fou pour continuer à marcher sur le chemin plein d'imprévus de la vie, Le Bateleur/Mat ne semble pas craindre la mort qui le contraindrait à s'arrêter.

Mais finalement, peu importe l'âge du Mat ou la durée du cycle. Seule compte l'impulsion qui le met en mouvement. Cette nécessité intérieure fait de lui un éveillé, un homme en quête d'une vérité dont il ignore jusqu'où elle le mènera. *Si tu veux arriver où tu ne sais pas, il te faut passer par où tu ne sais pas*, écrit Jean de la Croix. Le vingt-deuxième arcane du tarot nous y invite à son tour. De cette façon, Le Mat réitère, à un autre niveau, le message du Bateleur (I), celui de nous engager sur le chemin conduisant à la véritable conscience de soi et de son humanité, dans un engagement profond de l'être qui échappe au temps.

Mais Le Mat enseigne aussi, par sa marche, qu'il est nécessaire de renouveler cet engagement, tout au long de la vie, à travers les différents cycles qui la constituent, pour échapper au risque de s'enfermer dans les limites définies par l'âge, le confort, la sécurité ou le matérialisme de la vie et de l'époque dans laquelle on vit.

Le Mat indique comment partir en quête de sa vérité, en s'engageant dans la voie du tarot comme dans une voie d'évolution et d'accomplissement privilégiée pour dépasser les perspectives matérialistes et dévitalisantes de nos sociétés.

Le personnage littéraire de Don Quichotte de la Manche, créé par Cervantès en 1605, possède beaucoup de similitudes avec Le Mat. Comme lui, il part sur les routes pour tenter de faire coïncider sa vie avec ses rêves. Souvent réduit à la folie ou à l'inadaptation sociale, Don Quichotte est un personnage complexe, en quête de sens et d'absolu. Il cherche à compenser les insuffisances et la médiocrité de la société dans laquelle il vit par la quête d'un idéal qui n'est, malheureusement pour lui, plus celui de son temps.

Don Quichotte, comme Le Mat, est de la race des rebelles et des insoumis, de ceux qui sèment le trouble, ébranlent les dogmes et les certitudes. Ils incarnent, tous les deux, une liberté insolente face à tous les conformismes et les leurres qui détournent les hommes et les femmes de la quête de leur authenticité. Ils sont, l'un comme l'autre, des exemples du grand combat de l'exigence intérieure contre les sociétés matérialistes qui étouffent l'être humain. Bien que la frontière ne soit pas toujours très clairement définie entre leur sagesse et leur folie, ils incarnent, chacun à leur manière, un appel vers l'inconnu et le dépassement de soi, dont notre époque a plus que jamais besoin.

Ombre du Mat

La folie, la déraison, mais aussi la marginalité, la provocation, l'excentricité, la rébellion, l'errance, l'insoumission, constituent l'ombre du Mat. Avec le risque de se trouver hors jeu, hors norme, hors règle, hors convention...

Le Mat et nous

Comme la vie s'écoule, le Mat avance...
Il ne s'arrête jamais, car il sait qu'il va trouver sur sa route
la liberté, le renouveau et l'indépendance.
Le Mat porte sur ses épaules le poids de ses sentiments, de ses peurs
et de ses blessures. Il a conscience que le voyage est aussi spirituel.

Dans un tirage

Sens général

L'arcane du Mat est l'arcane de la liberté. Il invite à sortir des chemins balisés, rejeter les conventions sociales, ne pas se conformer à la morale bien-pensante, pour trouver sa propre voie et la suivre, sans céder à la peur ni aux injonctions contraignantes. Sans oublier les limites qu'impose le respect de la liberté des autres et celui de ses propres limites pour ne pas se mettre en danger, physiquement, psychologiquement ou socialement par un usage irraisonné et immodéré de sa liberté.

Plan personnel

Le Mat invite à définir, en toute liberté, les valeurs auxquelles conformer sa vie, non parce que ce sont celles du plus grand nombre, mais parce qu'elles répondent à une exigence intérieure et à un choix éthique. Ce choix affirme la primauté de l'esprit et du cœur sur toutes les injonctions de nos sociétés matérialistes.

Plan spirituel

Le Mat incarne, par son exemple, un appel vers le dépassement de soi et l'inconnu. Il invite à se faire confiance et à faire aussi confiance à la vie, à l'univers ou au divin (peu importe le nom qu'on lui donne) pour guider ses pas et être conduit vers le meilleur de soi-même, dans un acte de foi et d'abandon complet de sa propre volonté.

II - LES ARCANES MINEURS

G.VARRAS
Mr.CAVERO

COMMENT INTERPRÉTER LES MINEURS ?

Le tarot est constitué de deux catégories de cartes : les vingt-deux arcanes majeurs et les cinquante-six arcanes mineurs, qui se réfèrent à des systèmes symboliques différents. Chacun propose une manière d'appréhender le monde qui lui est propre. Loin de s'opposer, ces deux catégories de cartes sont complémentaires. Elles se répondent pour tramer ensemble un réseau de significations.

Les vingt-deux arcanes majeurs mettent en scène des figures archétypales, des symboles et des allégories. Ils décrivent un parcours initiatique permettant de dépasser les épreuves de la vie en les transformant en voie d'évolution conduisant à un accomplissement personnel et spirituel, lorsque l'être en ressent l'appel.

Les arcanes mineurs, quant à eux, sont répartis en quatre couleurs (appelées parfois « enseignes ») : Bâton, Coupe, Épée et Deniers. Chaque couleur est identifiable grâce à un objet la représentant.

On peut établir des correspondances entre les couleurs (ou enseignes) des cartes du tarot d'origine italienne et celles des jeux français. Le trèfle correspond au Bâton, le cœur à la Coupe, le pique à L'Épée et le carreau aux Deniers.

Chaque couleur est constituée de quatorze cartes qui se répartissent de la façon suivante : quatre arcanes représentant des personnages appartenant à l'univers médiéval : un Roi, une Reine, un Cavalier et un Valet. Ils sont connus sous le nom de « figures de cour » ou « honneurs » et forment ensemble une famille royale. Les dix autres cartes sont numérotées de un (l'as) à dix.

Deux éléments sont à prendre en compte dans l'interprétation d'un arcane mineur. Le premier est sa couleur (Bâton, Épée, Coupe ou Deniers), traditionnellement associée à un des quatre éléments : le Feu, l'Air, l'Eau ou la Terre. La couleur d'un arcane donne des informations sur le domaine concerné par la carte : l'action pour le Bâton, la connaissance pour l'Épée, l'affectif pour la Coupe et la santé et les biens matériels pour les Deniers.

Le second élément dont il faut tenir compte est la valeur symbolique de l'arcane. Elle dépend de la nature de la carte (figure de cours ou arcane numéroté), de son rôle dans la famille royale (pour les honneurs) ou de la place qu'elle occupe dans la suite numérotée des cartes et de sa couleur (pour les arcanes numérotés).

L'interprétation de l'arcane découle ensuite du croisement de ces informations ; il faut se fier à son intuition pour en faire la synthèse. Couleur et valeur se combinent de manière à ce que chacun des cinquante-six arcanes mineurs soit unique.

1. Les couleurs et les quatre éléments : interprétation symbolique des éléments

Traditionnellement, chaque couleur est associée à un des quatre éléments présents dans la nature : le Bâton est associé au Feu, la Coupe à l'Eau, l'Épée à l'Air et les Deniers à la Terre. Ces associations permettent d'attribuer des qualités propres à chaque couleur en fonction de son élément. Elles permettent de préciser l'énergie qui demande à être reconnue et accueillie pour pouvoir déchiffrer son message.

Dans les traditions chamaniques, les éléments sont invoqués (ou appelés) au cours de certains rituels. Ce sont des énergies qu'il est nécessaire de rencontrer pour découvrir la relation qu'on entretient avec elles et bénéficier de leur aide et de leur protection. Il en va de même avec le tarot. Lorsqu'un arcane mineur s'invite dans un tirage, c'est toujours pour attirer l'attention sur un aspect de nous qui demande à être conscientisé, avant que nous entamions un dialogue de guérison avec lui lorsque cela s'avère nécessaire.

Pour accéder à la symbolique des éléments, il faut considérer les quatre éléments en amont de leur réalité phénoménale, c'est-à-dire comme des concepts énergétiques qui mettent en résonance le cosmos et l'être humain, l'individu et son environnement, le conscient et l'inconscient.

De nombreuses traditions associent les éléments à des divinités, à des êtres immatériels ou encore à des essences animées (parfois bienveillantes, parfois hostiles). Ces forces agissantes, appelées « esprits », « entités » ou encore « élémentaux », diffèrent d'une zone géographique à une autre. Les contes, les légendes, les traditions populaires et les mythes de chaque ère culturelle en gardent la mémoire.

L'association de certaines divinités ou de certains esprits avec les éléments trouve son origine dans l'animisme qui caractérise les premières sociétés humaines. Elles considéraient que le monde réel et tangible où nous vivons est prolongé et imbriqué dans un monde invisible que le poète Victor Segalen appelle l'« arrière-monde », animé de forces vitales, d'énergies et de présence immatérielles susceptibles de servir de médiateurs entre les humains, leur environnement et le cosmos ou le divin.

Ces croyances ont traversé les âges. Elles se retrouvent aujourd'hui sous des formes différentes aussi bien dans une conception métaphysique de l'univers qui considère que le monde physique est gouverné par une intelligence cosmique divine (Dieu ou le Grand Esprit des Amérindiens) que dans la conception, plus écologique, de *L'Hypothèse Gaïa* selon laquelle la terre est un système physiologique dynamique, composé d'une multitude d'êtres vivants interreliés formant une super organisation qui maintient notre planète en harmonie avec la vie depuis plus de trois milliards d'années (James Lovelock, *La terre est un être vivant : L'Hypothèse Gaïa* [1979], Flammarion, 1993).

D'origine médiévale, le tarot s'inscrit dans la tradition grecque des quatre éléments établie par le philosophe grec Empédocle (Ve siècle avant J.-C.). Cette tradition se base sur la conception d'une structure de l'univers composée de Feu, d'Eau, d'Air et de Terre, complétés par un cinquième élément de nature différente, appelé « Éther », que les philosophes de l'Antiquité considéraient comme la quintessence des quatre autres.

L'éther pourrait correspondre à « l'akasha » de la cosmologie indienne traditionnelle, mot sanskrit signifiant « éther » ou « espace qui est dans tout ». Il peut aussi être rapproché du concept de « champ akashique » développé par le philosophe des sciences Ervin Laszlo qui le considère comme un champ conservant et transmettant de l'information. (Ervin Laszlo, *Science et champ akashique*, Ariane Éditions, 2005 ; *L'Expérience akashique*, Véga, 2007.)

De manière intuitive et analogique, cette tradition attribue des qualités spécifiques à chaque élément.

- Le Feu, sec et chaud, représente l'énergie vitale. En tant que source de lumière et de chaleur, il est associé au désir de créer et de transformer.
- L'Air, humide et chaud, représente la légèreté et permet le mouvement. Il concerne la sphère du mental et des idées abstraites.
- L'Eau, humide et froide, est le milieu où se sont développés les premiers organismes vivants et où la vie se perpétue dans le liquide amniotique. Elle symbolise la matrice maternelle. Elle correspond à la sphère de l'affectivité, des émotions et de l'inconscient.
- La Terre, sèche et froide, constitue la substance et la forme de la matière. Elle représente la sphère des ressentis et des sensations.

Au début du XXe siècle, le fondateur de la psychologie analytique, C. G. Jung, développe le concept des quatre « fonctions psychologiques » en associant chaque élément à une qualité spécifique de la psyché humaine (incluant les processus conscients et inconscients) (*Types psychologiques*, Georg Éditeur, 1921) :

- *La fonction intuition* est associée au Feu. Elle concerne la faculté de se projeter au-delà de la situation présente.
- *La fonction pensée* est associée à l'Air. Elle concerne l'intellect.
- *La fonction sentiment* est associée à l'Eau. Elle concerne la sphère de l'affectivité.
- *La fonction sensation* est associée à la Terre. Elle concerne les ressentis fournis par nos sens.

Dans la perspective du tarot, cette association des quatre fonctions psychologiques de C. G. Jung avec les quatre éléments permet de considérer chacune des couleurs comme le symbole d'une fonction psychologique :

- Le Bâton correspond à la *fonction intuition* du Feu. Il concerne l'impulsion qui pousse à l'action. Il échappe au système rationnel et analytique de la pensée. Il est à l'origine des projets créatifs, de la foi et des pulsions sexuelles.
- L'Épée correspond à la *fonction pensée* et communication de l'Air. Elle concerne l'intellect et l'esprit et permet à la pensée de se déployer et aux idées de circuler.
- La Coupe correspond à la *fonction affectivité* de l'Eau. Elle concerne le domaine des sentiments.
- Les Deniers correspondent à la *fonction sensation* de la Terre. Ils concernent le physique et le matériel et donnent la capacité de ressentir grâce aux perceptions

sensorielles. Ils permettent aussi d'expérimenter dans la matière, de concrétiser ou de consolider.

Chaque couleur représente ainsi les défis de l'élément auquel elle est associée, dans le but de parvenir à la réalisation de tous ses potentiels.

Les quatre couleurs des arcanes mineurs, liées à leur élément, peuvent, en outre, être associées par deux :

- Bâton/Feu et Épée/Air sont tous deux des principes *yang*, masculins, actifs, créatifs et extravertis. Ils participent du conscient et de l'action en prise sur le monde extérieur.
- Coupe/Eau et Deniers/Terre sont des principes *yin*, féminins, passifs, réceptifs, introvertis.

Le premier couple – Bâton/Épée – symbolise notre capacité à agir sur le monde avec des effets concrets et mesurables (Bâton) et à accéder, grâce au langage, à des connaissances et concepts transmissibles (Épée). Il correspond à la voie du faire.

Le second couple – Coupe/Deniers –, tourné vers l'inconscient, représente la voie intime et intériorisée de l'être. Sa manière de connaître, plus intuitive qu'objective, est basée sur les affects (Coupe) et les ressentis (Deniers). Elle est de ce fait moins communicable, car plus informe.

Bien que différentes, ces deux voies sont cependant complémentaires, l'objectif du tarot étant de parvenir à unifier en soi ces deux aspects de la psyché.

Le Bâton (Feu)

Le Feu est l'élément symbolique associé au Bâton. Comme tous les symboles, le feu est ambivalent. Il peut à la fois éclairer, réchauffer et dynamiser. Mais il peut aussi brûler ou détruire. Sa puissance est grande. Aussi est-il nécessaire de le contrôler pour ne pas en être victime. Le Bâton invite à exercer son pouvoir en l'offrant au feu de l'action, tout en le maîtrisant.

Le Bâton (Feu) symbolise l'élan qui est à l'origine de toute évolution. Souvenons-nous que la maîtrise du feu distingue l'être humain des autres espèces qui, ne sachant le contrôler, ne peuvent bénéficier ni de ses bienfaits ni de sa puissance. Par ailleurs, le feu a un grand pouvoir de transformation. Il permet la cuisson de nos aliments. Dans le processus alchimique de transmutation de la matière, le Feu est l'élément associé à la première étape de l'œuvre au noir : la *nigredo*. Elle permet de décomposer la matière pour la débarrasser de ses scories avant de la purifier.

Le Bâton brûle d'un feu intérieur sacré. Il inspire les artistes, les fous·olles ou encore les illuminé·e·s qui, comme L'Hermite (VIIII) et Le Mat, quittent parfois la sécurité du foyer pour partir à l'aventure. Il consume celles et ceux qui éprouvent de la passion, du désir, de la jalousie ou de la colère. Il anime les innovateurs·rices et les entrepreneurs·ses : celles et ceux qui prennent des initiatives et vont de l'avant, animé·e·s par la foi et l'enthousiasme, guidé·e·s par des éclairs de génie et des intuitions subites. L'effet du Feu peut être aussi fulgurant que la foudre, tel que l'illustre La Maison Dieu (XVI) : un éclair s'abat sur une tour, la décime et provoque son effondrement.

Le bâton est probablement l'un des outils les plus anciens que nous ayons eus à notre disposition. Durant la Préhistoire, nos lointains ancêtres utilisaient déjà des bâtons, plus ou moins travaillés, parfois durcis au feu ou surmontés d'un silex taillé pour servir d'armes. Peut-être projetaient-ils déjà sur ces bouts de bois une symbolique de pouvoir sur les esprits et les éléments, qui perdure dans les bâtons de chamanes parvenus jusqu'à nous.

Marie-Louise von Franz fait remarquer que, dès l'origine de l'humanité, le bâton a été utilisé pour conduire des animaux. Il évolue, ensuite, en sceptre et crosse. Il devient un symbole d'autorité et constitue une sorte d'extension de la main. (Marie-Louise von Franz, *Les Modèles archétypiques dans les contes de fées*, La Fontaine de Pierre, 1999.)

Dans un déploiement d'énergie suggéré par les petites flammes qui l'entourent, l'as de Bâton ressemble à un gourdin archaïque surgissant d'une main brandie. Dans les mains de L'Impératrice (III), de L'Empereur (IIII), du Pape (V) et du jeune prince du Chariot (VII), nous le retrouvons, plus raffiné, sous forme de sceptre et de crosse. Le Bâton symbolise leur pouvoir de gouverner, c'est-à-dire de décider et d'agir. Il permet de diriger une communauté de sujet·te·s ou de croyant·e·s, en lui indiquant la direction à suivre. Il est alors dressé et orienté vers le haut, comme s'il recevait son pouvoir d'une autorité supérieure, venue du ciel. Il possède aussi une dimension sexuelle, concrètement illustrée dans les cartes de L'Impératrice (III) et de la Reine de Bâton, qui appuient leur sceptre sur leur bas ventre, à l'image d'un phallus.

En revanche, lorsqu'il est dirigé vers le sol, comme c'est le cas dans les arcanes majeurs de L'Hermite (VIIII) et du Mat, il se transforme en bâton de marche. Il s'apparente davantage à une arme rudimentaire pouvant servir de moyen de défense contre les bêtes sauvages ou les mauvaises rencontres. Les graduations qu'on peut y observer permettent de le rapprocher de l'instrument de mesure des bâtisseurs du Moyen Âge, appelé « pige », dont la symbolique apparaît dans les mineurs de la même couleur.

Numérotés de deux à dix et gradués en cinq segments, certains arcanes mineurs de Bâtons évoquent ces bâtons de maîtrise d'architecte, qui portent aussi le nom de « cannes » ou « quines ». Ces instruments, déjà connus durant l'Antiquité, permettaient d'établir des mesures en les étalonnant sur des dimensions établies à partir du corps humain : coudée, pied, empan, palme et paume. La pige était l'outil typique du maître d'œuvre, et chaque ouvrier en reportait les mesures sur sa propre canne pour la durée du chantier. Lors de la construction de certains bâtiments prestigieux, de fonction royale ou religieuse, l'étalon de la pige pouvait être établi à partir de la coudée du seigneur, de l'évêque ou du roi commanditaire du chantier. Dans un tel cas, le pouvoir de la figure d'autorité concernée s'incarnait dans les proportions de l'édifice en affirmant de manière à la fois tangible et symbolique la suprématie du commanditaire.

La pige divisée en cinq segments possédait également une signification ésotérique réservée aux initié·e·s. En géométrie sacrée, le nombre cinq est celui du pentagone (figure géométrique possédant cinq sommets, comme l'étoile à cinq branches). Il est intimement lié au nombre d'or, connu de tous les architectes, maîtres d'œuvre ou maîtres d'ouvrage, qui le considéraient comme le nombre de la divine proportion. Cinq est le nombre de la perfection esthétique et philosophique. Il confère aux édifices une harmonie dans les volumes et les proportions. Rappelons que le nombre cinq est celui de l'arcane du Pape (V) qui, en tant que *pontife*, incarne le *pont* qui permet le passage de l'humain au divin. Le Bâton, sous sa forme de pige, que L'Hermite (VIIII) et le Mat tiennent dans leur main, souligne leur qualité d'initiés.

Les divers symboles que revêt le Bâton à travers les âges, de ses formes les plus archaïques aux plus raffinées (morceau de bois enflammé en guise de torche, arme, bâton de marche ou de chamane, sceptre, crosse, pige d'architecte ou d'initié), ont tous en commun d'être des outils constituant une prolongation de la main, de la volonté et du pouvoir.

Le Bâton (Feu) est donc symbole de maîtrise et d'autorité. C'est une force d'extraversion, un principe *yang* émetteur et fécondant. Il représente l'élan vital, l'inspiration première, puissante et spontanée à l'origine de tout projet, de toute création, de toute action et de toute évolution.

Le Bâton dans un tirage : exercer sa maîtrise

Que suis-je en train de commencer, de créer, de réaliser ? Avec qui ? Avec quels moyens ? Dans quels buts ?

Est-ce que j'exerce pleinement ma souveraineté sur ma vie ? Quelles sont les dépendances ou les contraintes dont je dois me libérer ?

Quelle est ma relation avec l'autorité, avec le pouvoir ? Avec le mien, celui des autres ?

Vers quelles réalisations choisir de canaliser mon énergie ?

Quelle est la place que j'accorde à la créativité dans ma vie ?

Lorsqu'un Bâton apparaît dans un tirage, c'est pour inviter à entreprendre, à créer, à innover et à dépasser ses limites, ses doutes et ses peurs ainsi que le manque de confiance en soi.

Le Bâton est une force transformatrice, une énergie qui a le pouvoir de transmuter ce qu'elle touche. Certaines tribus amérindiennes associent le feu à la direction de l'est – où le soleil se lève à l'aube –, au printemps – où la nature s'éveille – et à l'enfance. Il représente un espace symbolique qui existe en nous, riche de promesses et de potentiels, où nous sommes invité·e·s à cultiver créativité, enthousiasme et foi dans la vie afin d'en recevoir le meilleur, comme nous invite à le faire le Bâton.

Mais le feu peut aussi brûler et devenir destructeur, lorsqu'il n'est pas sous contrôle. Le Bâton nous invite également à ne pas devenir victimes de notre ego et à ne pas nous laisser éblouir par les apparences. Comme un bon roi exercerait sa souveraineté sur son royaume prospère, il invite à être responsable de ses actes et de leurs conséquences.

La Coupe (Eau)

L'Eau est l'élément symbolique associé à la Coupe. Indispensable à la vie, l'eau constitue plus de 70 % de notre corps et de la surface de la Terre, en grande partie recouverte par les océans et les mers. C'est là que les premiers organismes vivants se sont développés, et nous-mêmes, avant notre naissance, avons baigné dans l'obscurité fécondante des eaux matricielles. Cependant, bien que l'eau soit porteuse de vie, désaltère, lave et féconde, elle peut aussi semer la destruction et la mort lorsqu'elle déferle en crue, déluge ou tsunami, où lorsqu'elle transporte des maladies et devient impropre à la consommation.

Ambivalente, l'eau n'est porteuse de vie que sous sa forme liquide. Sous forme de glace, elle devient solide et peut alors se briser comme un minéral. Sous sa forme gazeuse, elle devient légère et insaisissable. Fondamentalement polymorphe, l'eau épouse tous les terrains. Elle peut s'écouler paisiblement, tourbillonner, s'abattre en cascade ou encore stagner. Elle s'adapte aux conditions physiques, biologiques, chimiques du milieu où elle se trouve et avec lequel elle est en interaction constante. Ces échanges permanents sont au cœur de l'organisation cellulaire du vivant. Notons que la racine du mot « émotion » provient du verbe latin *movere*, qui signifie « se mouvoir, remuer, bouger ».

La fluidité de l'eau permet de l'associer à la sphère émotionnelle et affective de l'être, toujours en mouvement, comme le sont les cours d'eau, les courants marins et les marées. L'eau est « la source où les larmes de tristesse ou de joie vont puiser », comme l'écrit joliment Maud Séjournant dans *La Spirale initiatique : Voyage d'une chamane dans le Cercle de vie* (Albin Michel, 2013). Mêlée au sang, elle irrigue le cœur, siège symbolique des affects et des sentiments. Elle représente une énergie de paix et d'amour. Elle peut aussi véhiculer troubles intérieurs, débordements, dessèchements.

L'eau toujours s'écoule vers le bas. Elle n'a de cesse de descendre pour habiter les profondeurs. Cette caractéristique en fait un des grands symboles de l'inconscient. Sous la surface chatoyante des océans s'étend un monde dont la vastitude, encore largement méconnue aujourd'hui, est source de fantasmes et de peurs. Pensons à ces cartes du Moyen Âge où sont dessinés, aux confins des océans, afin de figurer la limite du monde alors connu, de terrifiants monstres marins.

Edgar Allan Poe nommait poétiquement l'eau l'« ébène liquide » pour en souligner la dimension impénétrable (*Manuscrit trouvé dans une bouteille*, 1832). Elle renvoie aux mystères insondables des origines de la vie, mais aussi de la mort et des cycles de transformation.

Dans *Les Métamorphoses* (Ier siècle apr. J.-C.), Ovide raconte que la beauté de Narcisse était si grande qu'un jour, en s'abreuvant à une source, il tomba amoureux de son reflet. Il resta de longs jours à le contempler, jusqu'à ce qu'il se noie en cherchant à l'étreindre. Il est intéressant d'observer que le nom Narcisse puise ses racines dans le grec ancien *narkê* qui signifie

« engourdissement, somnolence », dont sont aussi issus les mots « narcotique » ou « narcolepsie ». Narcisse renaît ensuite sous la forme d'une fleur qui porte son nom. Le narcisse est une des premières plantes à fleurir au printemps, comme un symbole de renaissance et de régénération, promesse d'un nouveau commencement. Le mythe enseigne qu'il est nécessaire d'embrasser le mystère de notre obscurité, comme une étape nécessaire à tout parcours initiatique.

Ce pouvoir régénérant de l'eau se retrouve dans de nombreux rites d'initiation et de purification, tel le baptême, symbole d'une nouvelle vie. En alchimie, l'eau est associée à l'œuvre au blanc, l'*albedo*, qui fait suite à l'œuvre au noir. Elle lave et purifie les résidus de matière calcinés par le feu de la *nigredo*.

Comme le Bâton, la Coupe est un archétype archaïque dont l'imaginaire puise aux temps immémoriaux de l'humanité. Contenant pouvant être rempli, elle est un symbole féminin qui manifeste sa dimension maternelle. Comme la grotte offrant abri et protection, comme la matrice, elle n'est pas réellement vide. Elle est pleine d'une présence latente qu'elle attend d'accueillir. Elle est un symbole de vie et de fertilité.

Après les coupelles disposées sur la table du Bateleur (I), la Coupe réapparaît ensuite dans les arcanes majeurs sous la forme des deux cruches de Tempérance (XIIII). Pleines d'une eau bienfaisante transvasée d'un récipient à l'autre, elles dispensent vie, harmonie et guérison. Dans l'arcane XVII, la Coupe apparaît une nouvelle fois sous la forme de jarres, pleines de l'eau nourricière que L'Étoile (XVII) déverse sur le sol afin de le féconder.

Ces récipients manipulés par des femmes préfigurent les Coupes représentées dans les arcanes mineurs, qu'on peut rapprocher de la coupe mythique du Graal. Ce mythe, inspiré des religions celtiques et indo-européennes pré-chrétiennes, évoque les coupes d'abondance qui existent dans de nombreuses traditions. Dans la littérature médiévale, le Graal devient un symbole de rédemption et de restauration. Il affirme la suprématie de l'esprit sur la matière. Il est central dans l'ensemble de textes médiévaux du cycle arthurien, qui racontent la quête du roi Arthur et de ses chevaliers. Cet objet sacré est un symbole de vie, comme le sang (suggéré dans le tarot par la couleur rouge de l'intérieur des Coupes). Il rayonne de sa propre lumière.

Dans la mystique islamique, la Coupe est associée au cœur, siège de l'amour et des sentiments. Elle symbolise le don, le partage et la communion, garants de relations d'amour et d'amitiés sincères.

La connotation religieuse de La Coupe est perceptible dans l'as de Coupe, qui ressemble à un calice. Cette carte s'éloigne cependant de la tradition chrétienne, car elle rassemble des éléments d'architecture appartenant à plusieurs religions : tout à la fois église, mosquée, pagode et autres temples. Elle représente une forme accomplie de spiritualité qui ne se réfère à aucune tradition religieuse spécifique. Elle possède une dimension œcuménique qui les englobe toutes pour exprimer la forme la plus élevée d'amour qui, dans le tarot, est l'amour divin.

La Coupe dans un tirage : Entendre la voix du cœur

Quels sont les aspects de moi qui demandent à être entendus, reconnus, pacifiés, guéris ?

De quels attachements dois-je me défaire ? Qu'est-ce qui nourrit ma colère, mon insatisfaction, mes peurs, mes frustrations ?

Comment j'accueille les émotions qui me traversent ? Avec fluidité, bienveillance, déni, jugement, refoulement ?

Quelle est ma vie émotionnelle ? Est-elle satisfaisante ?

Qu'est-ce qui, dans ma vie, me procure de la joie, de la gratitude ? Quelle est la place que j'accorde à la beauté, à l'amour, à l'amitié, aux relations humaines, à l'art ?

Où est-ce que je trouve le réconfort dont j'ai besoin ? En moi, à l'extérieur de moi ? De quelle manière, par quels moyens ?

Comment j'exprime mes sentiments à celles et ceux que j'aime ? Par des paroles, des actes, des attitudes ? Est-ce que je ris avec ces personnes ?

Associée à l'Eau, la Coupe nous parle de nos émotions, y compris les plus narcissiques, les plus violentes ou les plus toxiques. Elle parle un langage qui ne s'adresse pas à la raison, mais à la sensibilité et à l'intuition. Elle s'exprime au-delà des mots, comme peut le faire l'art, la poésie ou la musique.

Mais les émotions peuvent parfois nous submerger. Le défi de la Coupe consiste à les contenir sans débordement. Pour cela, il est nécessaire non pas de les refouler (ce qui s'avère souvent difficile), mais de les accueillir pour les transformer, grâce à la bienveillance, l'amour et le pardon qui ont le pouvoir apaisant de guérir les souffrances du cœur et de le pacifier.

Dans la tradition amérindienne, certaines tribus associent l'eau à la direction du sud, au plein midi de l'été, à la jeunesse, à la croissance, à l'amour et à l'amitié. Cet espace symbolique rayonnant est un lieu à découvrir en soi, où se ressourcer, à l'image de la Coupe qui invite à développer la joie, l'espoir et la paix intérieure.

La Coupe montre le chemin du cœur, de l'intériorité et de l'union.

L'Épée (Air)

L'Air est l'élément associé à l'Épée. Par certains aspects, il est semblable au feu, qu'il attise – comme le vent embrase une forêt – ou qu'il éteint – comme le souffle fait mourir la flamme d'une bougie. L'Air, invisible et insaisissable, est le plus immatériel et mobile des éléments (sans tenir compte de l'Éther). Il est indispensable à la vie, qui commence par une inspiration et s'achève dans une expiration. Il entre et sort de nos poumons à chacune de nos respirations, mais également lorsqu'on parle, crie, chuchote, chante ou prie à haute voix...

L'étymologie nous apprend que les mots « respirer » et « esprit » dérivent du latin *spiritus*, avec qui ils partagent la racine *spir* désignant le « souffle vital ». On trouve également cette racine dans le mot « spiritualité ». L'esprit associé au souffle vital est donc ce qui anime à la fois le corps et l'âme. Ce mot possède de ce fait un double sens, car il désigne à la fois la fonction intellectuelle et la dimension spirituelle de l'être.

Dans son sens de fonction intellectuelle, L'Épée (Air) symbolise le discernement ainsi que la capacité à s'exprimer et à communiquer avec autrui, grâce au langage permettant de développer un raisonnement structuré.

À la différence du Bâton qui obéit à une force instinctive, utiliser l'Épée nécessite de recourir à ses capacités intellectuelles et à son jugement pour parvenir à une compréhension juste de son action et à une maîtrise de ses pulsions – comme le chevalier maîtrise sa monture. Car, aussi volatile que l'air, le mental peut se disperser dans un flux de pensées incessantes et inconsistantes, et s'encombrer de ruminations stériles ou obsessionnelles.

Les bouddhistes comparent l'esprit à un singe sautant de branche en branche, toujours en mouvement, facilement distrait, curieux et prêt à s'amuser, comme un enfant. Il est en cela semblable aux idées et aux pensées qui traversent l'esprit par « sauts et gambades », ainsi que le disait Montaigne.

Avec la seconde acception du mot « esprit » et dans la perspective du tarot, on peut aussi comprendre que la pensée doit être orientée, non vers l'agitation stérile ou la vaine accumulation de connaissances, mais vers la recherche de la sagesse mise au service d'un idéal élevé, susceptible de permettre l'accomplissement de l'être. Celui-ci peut alors transcender sa conscience ordinaire, son mental inférieur, pour parvenir à la réalisation du Soi et la rencontre avec le divin. L'Épée propose une direction vers laquelle orienter son action en échappant au risque d'agir par impulsion ou égocentrisme. L'Épée (Air) est un symbole d'élévation spirituelle.

Dans la perspective de l'évolution technologique de l'humanité, L'Épée apparaît après le Bâton et la Coupe qui sont des objets primitifs taillés, façonnés et modelés dans des matériaux bruts (tels que le bois, la pierre et l'argile). Ces objets appartiennent à l'âge de pierre, tandis que l'épée apparaît à la fin de l'âge de bronze. Celle-ci est conçue à partir d'alliages de métaux dont la fabrication nécessite une industrie plus complexe. Sa mise en œuvre implique des connaissances techniques et un savoir-faire plus élaborés.

Cependant, l'Épée conserve des points communs avec le Bâton. Comme lui, elle est d'abord une arme. L'as d'Épée, où l'on peut voir une main brandissant une épée, rappelle fortement le dessin de l'as de Bâton représentant une main prolongée d'un gourdin de bois. On peut en déduire que l'Épée (Air), tout comme le Bâton (Feu), est un principe actif, *yang*, qui participe du domaine du faire. Verticale, elle possède également la même dimension phallique.

L'Épée est, par excellence, l'arme des chevaliers. Elle est l'emblème de leur appartenance à leur ordre d'élite et sert à les adouber. De nombreuses épées portent un nom et ont une histoire attestant du courage et de la vaillance de ceux qui la maniaient : Excalibur, Durandal, Joyeuse... Souvenons-nous que dans la société médiévale, les chevaliers s'engageaient à mettre leur épée au service de leur suzerain, dont ils représentaient la main armée. Aussi L'Épée est-elle à la fois symbole de soumission à un pouvoir supérieur et gage de loyauté envers une cause choisie, ce qui nécessite de faire usage de son discernement pour savoir au service de quel pouvoir mettre son épée...

Après celle tenue par La Justice (VIII), qui invite à aller au-delà des apparences pour mener une vie en accord avec les lois humaines et cosmiques, on retrouve l'Épée dans les mains du Diable (XV). Elle ressemble à une sorte de glaive sans poignée, surmonté d'un flambeau. On peut la rapprocher de la torche portée par Lucifer (le porteur de lumière), ancien ange déchu, précipité aux enfers pour s'être rebellé contre Dieu. Le glaive du Diable souligne la nécessité de recourir à la clarté de l'esprit pour ne pas rester symboliquement prisonnier·ère des enfers, à l'image des deux personnages attachés par le cou, à son piédestal.

L'arcane du Diable (XV) nous rappelle, en outre, que l'Épée (comme le glaive) est une arme à double tranchant. Cette caractéristique en fait un symbole de la dualité. Lorsque la voie de l'obscurité est choisie et que l'arme est mise au service du mal – dont Le Diable est la représentation la plus accomplie dans l'imaginaire médiéval –, l'Épée peut acquérir une puissance meurtrière et destructrice. Mise au service d'une cause juste, elle peut servir un idéal élevé et représenter la lumière et la justice, à l'image de l'épée de l'archange Michel, avec laquelle il terrasse le dragon qu'on peut interpréter aujourd'hui comme une représentation les forces obscures et chaotiques de l'inconscient. Pensons également au héros de la mythologie grecque Persée. À l'aide de l'épée prêtée par Athéna (déesse de la Raison et de la Sagesse) et du casque d'invisibilité d'Hadès (dieu des Enfers), il parvient à trancher la tête de Méduse, monstre chthonien que l'on peut assimiler au dragon, de par les serpents qui la coiffent.

Grâce à sa nature double, l'Épée est capable de faire surgir la lumière de l'obscurité la plus profonde. Elle symbolise une énergie de mouvement et d'élévation qui concerne aussi bien les idées qui circulent ou la parole qui permet de communiquer une pensée que la recherche de la connaissance, lorsqu'elles sont au service d'une cause à servir, d'un idéal élevé ou d'une quête spirituelle.

L'Épée dans un tirage : faire usage de son discernement

Quels sont les aspects de ma personnalité ou de ma vie que je dois regarder autrement, avec lucidité et objectivité ?

Quelles sont les valeurs qui comptent pour moi ? Quel est mon idéal, mon espoir ?

Quels sont mes projets ?

Comment je communique avec les autres ? Qu'est-ce que je transmets ?

Quel type de connaissances nouvelles dois-je acquérir pour évoluer dans ma vie privée, professionnelle, sociale ?

Sur quel plan se situe le renouveau auquel j'aspire ? Comment y parvenir ?

Lorsque l'épée s'invite dans un tirage, c'est pour inviter à suivre la voie de l'esprit, c'est-à-dire à utiliser son intelligence, son esprit critique et son libre arbitre en les mettant au service d'un projet ou d'une cause qui contribuent à son propre développement personnel et spirituel ou qui servent des buts altruistes.

Certaines tribus amérindiennes associent l'élément Air de l'Épée à la direction du nord, à la nuit comme promesse du jour à venir, à l'hiver – période où l'esprit rassemble ses forces pendant que le corps et la terre se reposent –, ou encore à la vieillesse – lorsque les connaissances acquises pendant la vie et les expériences vécues se transforment en sagesse.

Elles l'associent aussi à la mort, à l'image des graines enfouies dans la terre hivernale en attente de germination à venir.

L'air, par sa mobilité et son immatérialité, correspond à un espace symbolique où apaiser notre mental pour qu'il se régénère et accède à de nouvelles idées, de nouvelles pensées, de nouveaux projets, plus conformes à nos aspirations les plus élevées. Il est en cela semblable à l'Épée.

Il est cependant nécessaire de se souvenir que l'air peut générer du vent, voire même des tempêtes. Le défi de l'Épée (Air) consiste à acquérir la maîtrise de son mental pour empêcher qu'il ne se disperse. Elle invite à faire usage de son discernement et de sa détermination (l'Épée participe de la voie active du faire) en posant des intentions claires pour que nos pensées et nos actions s'alignent et que notre esprit acquiert puissance et concentration.

Les Deniers (Terre)

L'élément Terre est associé aux Deniers. Il donne son nom à notre planète, la Terre, dont la majuscule la distingue de la substance éponyme qui la compose en partie. Nous habitons la Terre et y trouvons la nourriture et les ressources utiles à notre subsistance.

Depuis les temps les plus anciens, les humains l'ont considérée comme une mère nourricière, comme en témoigne le culte des grandes déesses mères de la Préhistoire. Dans la Genèse chrétienne, qui s'inspire d'un mythe mésopotamien plus ancien, le couple primordial formé par Adam et Ève est créé à partir de glaise. Dans la mythologie grecque, c'est tantôt Athéna tantôt Prométhée qui se charge de façonner l'être humain à partir d'un mélange d'eau et d'argile. L'étymologie du mot « humain·e », qui provient du latin *humus*, « la terre », indique bien cette filiation avec la terre, notre corps étant constitué des mêmes matériaux qu'elle.

La Terre fonctionne de manière cyclique, dans une incessante alternance entre vie et mort qui s'alimentent l'une et l'autre, à l'image des végétaux à qui elle donne vie, qui finissent par pourrir, nourrissant et fertilisant de nouveau le sol par la transformation des déchets organiques en humus ou en compost.

L'élément Terre est traditionnellement associé aux mondes souterrains et à la mort (pensons au royaume d'Hadès de la mythologie grecque et à l'enfer chrétien). Elle constitue l'horizon de notre corps physique. De ce fait, l'enfouissement des corps (ou la restitution de leurs cendres à la terre) est un acte primordial et sacré qui inscrit la vie au cœur même de la matière.

Ces qualités confèrent aux Deniers un aspect nourricier et maternel. Grâce à lui, les détenteurs de monnaies peuvent subvenir à leurs besoins vitaux en achetant tous les aliments et les biens de consommation dont ils ont besoin pour survivre – lorsqu'ils ne les produisent plus directement, ce qui est désormais majoritairement le cas dans nos sociétés modernes.

À l'origine, le denier désigne une monnaie d'argent romaine. Le nom a ensuite été donné à une monnaie carolingienne, plusieurs siècles avant l'apparition du tarot. On peut supposer que l'appellation de Deniers est ici à prendre dans le sens générique de « pièces de monnaie », en or ou argent, permettant d'acquérir des biens matériels.

La monnaie atteste du développement économique des sociétés postérieures à celles des premières épées de l'âge du bronze. Elle apparaît durant l'Antiquité, à l'époque technologiquement avancée de l'âge de fer où se développe un système financier plus organisé. La monnaie détient une valeur d'échange qui se situe à un niveau plus abstrait et complexe que le troc, car elle peut être thésaurisée et procurer à un individu le pouvoir sur un groupe humain.

C'est cette signification que revêt le médaillon que L'Empereur (IIII) porte autour du cou, dont la forme s'apparente à une pièce de monnaie. Rappelons que L'Empereur agit dans le monde temporel et matériel, par opposition au Pape (V) qui s'occupe du monde spirituel. L'Empereur fait usage de son pouvoir et de son autorité pour gouverner, administrer et éventuellement frapper la monnaie, comme le fit Charlemagne qui créa la monnaie d'argent qui porte le nom de « denier ». Le médaillon porté par L'Empereur symbolise la charge de ses responsabilités et son pouvoir d'agir sur le monde. Il suggère que les Deniers concernent tout ce qui relève du matériel et peut s'acquérir avec de l'argent : objets et services divers, alimentation, éducation, etc.

Au ve siècle av. J.-C., le philosophe grec Démocrite émit la théorie que la matière, loin d'être inerte, était animée par le mouvement incessant de ses atomes, invisibles à l'œil nu. Ceci fut démontré scientifiquement par les physiciens du xxe siècle. De même, les monnaies modernes sont mouvantes et fluctuent chaque jour, oscillant entre inflation et déflation. Elles circulent sous forme de « liquidités » entre les différentes places boursières de la planète. De ces échanges constants naît l'économie qui, bien qu'étant une création humaine, semble animée d'une existence propre, au point qu'aujourd'hui les contraintes économiques et financières dictent leurs lois aux sociétés modernes.

De ce fait, la valeur des Deniers est non seulement matérielle, mesurable et tangible, mais aussi énergétique et invisible, comme le suggère La Maison Dieu (XVII) qui évoque l'épisode mythologique grec où Zeus, le premier des dieux de l'Olympe, se transforme en une pluie d'or (qu'on peut assimiler aux Deniers) et parvient à pénétrer dans la tour impénétrable où est enfermée la princesse Danaé pour la séduire et la féconder.

Dans l'as de Deniers, on peut observer le déploiement d'une unique et grande pièce de monnaie, semblable à un soleil qui est un des grands symboles de la vie spirituelle, dont les rayons dispensent l'énergie nécessaire à la vie sur Terre. Ne brille-t-il pas métaphoriquement au cœur de la Terre, sous forme de magma? La couleur jaune des Deniers évoque également l'or que les alchimistes cherchaient à extraire de la *materia prima*, cette matière brute le point de départ de l'Œuvre alchimique.

Les Deniers vont donc bien au-delà des interprétations qui les considèrent comme le symbole de l'argent. Ils représentent une énergie puissante, plus spécifiquement à l'œuvre dans le monde physique ainsi que dans notre corps, à laquelle nous connectent nos sensations. Elles nous permettent de nous relier à des énergies invisibles, mais pourtant agissantes au cœur de la matière. Ce qui fait de notre corps un instrument de guidance précieux pour qui sait écouter les messages qu'il cherche à nous transmettre. Laurent Huguelit parle de « système de guidance émotionnelle – ou GPS chamanique » pour évoquer les informations qui nous sont transmises par le corps et les émotions (*Les Huit Circuits de conscience : Chamanisme cybernétique et pouvoir créateur*, Mama Éditions, 2012).

Les Deniers sont le symbole de la sécurité matérielle, du bien-être, de la conservation de ce que nous avons reçu et que nous transmettrons aux générations futures. Ils nous invitent à sortir d'une vision matérialiste et mécanique de notre environnement en nous mettant à l'écoute des messages que nous transmettent notre corps ainsi que le corps vivant de la Terre. Ils nous rappellent que nous incarnons la vie dans un long processus d'évolution dont nous ne sommes qu'un des maillons.

Les Deniers dans un tirage : prendre conscience de sa présence au monde

Qu'est-ce que je construis dans ma vie matérielle, professionnelle, privée ?

Comment est-ce que je prends soin de mon corps ? Comment est-ce que je le soigne ? Comment est-ce que je l'alimente ? Comment est-ce que je l'entretiens ?

Quelle est l'importance que j'accorde à mes biens matériels, à ma maison, aux objets qui m'entourent ? À mon travail, à l'argent ? Jusqu'à quel point en suis-je dépendant·e ?

Quelle est l'attention que je porte aux sensations que me transmet mon corps, aux malaises physiques que je peux ressentir, à mes autres maladies ? Est-ce que je sais les décrypter ?

Qu'elle est ma force ? Où est-ce que je la puise ? Comment est-ce que je l'utilise ? À quelles fins ?

Ai-je trouvé ma place dans le monde ?

Quelle est l'attention que je porte à l'environnement dans lequel je vis, à la planète ? Qu'est-ce que je fais pour la transmettre dans le meilleur état possible aux générations futures ?

Lorsqu'un Denier se présente dans un tirage, c'est pour nous inviter à concrétiser nos intentions et à matérialiser nos projets en nous enracinant dans l'*ici et maintenant* de notre expérience physique, sans devenir prisonniers·ères de nos possessions matérielles.

Dans la tradition amérindienne, certaines tribus associent l'élément terre des Deniers à la direction de l'ouest où le soleil se couche, à l'automne, au crépuscule, à la maturité, comme un lieu symbolique où s'intérioriser et intégrer les expériences vécues grâce à l'introspection. C'est l'espace où cultiver sa force et découvrir sa *médecine personnelle* pour maîtriser son pouvoir et le rendre manifeste dans la matière.

Le défi des Deniers consiste à être à l'écoute de son corps, de ses sensations et de son environnement, en prenant la pleine responsabilité de notre présence sur Terre et de ses conséquences.

2. Les quatre figures de cours ou honneurs : présentation symbolique de la famille royale

Les seize arcanes qu'on désigne sous le nom de « figures de cour » ou « honneurs » participent de l'univers médiéval qui a vu naître le tarot. Ces cartes mettent en scène quatre familles royales représentées, chacune, par une couleur (Bâton, Coupe, Épée et Deniers). Chaque famille est constituée d'un Roi, d'une Reine, d'un Cavalier et d'un Valet. Cette structure s'inspire de la société féodale reposant sur un système politique très hiérarchisé. Il était basé sur un pouvoir central puissant auquel faisaient allégeance des seigneurs locaux organisés en fiefs ou petits royaumes qui recevaient, en retour, protection et assistance.

Dans le tarot, cette autorité supérieure est incarnée par les arcanes majeurs de L'Empereur (IIII) et du Pape (V). Le pouvoir dont disposent les Rois des mineurs s'apparente davantage à celui que détenaient les maîtres des petites seigneuries féodales dont ils garantissaient la prospérité et la sécurité.

Dans la perspective symbolique du tarot, on peut considérer que le fief ou le petit royaume sur lequel règne chacun des quatre Rois des mineurs est un aspect ou une fonction de la personnalité que symbolise chacune des quatre couleurs.

Mais les Rois ne sont pas seuls à exercer le pouvoir. Ils sont, chacun, accompagnés d'une Reine avec laquelle ils gouvernent. Ces couples royaux peuvent évoquer les couples archétypaux qu'on trouve dans les arcanes majeurs : L'Impératrice/L'Empereur, La Papesse/Le Pape et La Lune/Le Soleil. Transposés dans les mineurs, ils sont une nouvelle illustration du processus décrit dans les majeurs. Ils représentent l'harmonisation des pôles opposés de la psyché grâce à l'union intérieure du principe masculin – correspondant au moi conscient – du Roi avec un principe féminin – relié aux mondes oniriques, aux affects et à l'inconscient – incarné par la Reine.

Cependant, en regard des couples des arcanes majeurs, ces nouvelles unions innovent, car elles intègrent les Cavaliers et les Valets. Ensemble, ils forment une structure familiale plus large que dans les majeurs où chacun·e s'intègre et collabore, à son niveau, pour gérer harmonieusement sa couleur et porter ses qualités à son plus haut niveau.

Cette quaternité n'est cependant pas la seule structure opérante de la famille royale. On peut aussi observer qu'à l'intérieur de celle-ci, les Rois, les Cavaliers et les Valets forment, ensemble, une trinité masculine.

Présente dans de nombreuses traditions (particulièrement dans la religion chrétienne, dominante dans le contexte historique où naît le tarot), cette structure symbolique basée sur le chiffre trois est traditionnellement considérée comme une représentation de la divinité. Elle établit que Dieu est à la fois unique et présent dans les trois personnes du Père, du Fils et du Saint-Esprit, soit trois personnes en une seule. Il faut cependant observer que cette perspective théologique ne peut convenir au tarot. En tenant compte de l'âge des figures, on pourrait, sans doute, établir un parallèle entre le Père/Roi et le Fils/Cavalier. Compte tenu de son jeune âge et de son inexpérience, il serait difficile, en revanche, de voir le Saint-Esprit dans le Valet…

Si on considère cette structure trinitaire comme un archétype représentant les différentes étapes du processus de construction d'un moi conscient masculin, elle se révèle féconde. Elle permet de considérer chacune des trois figures masculines de la famille royale comme l'incarnation des différents stades de l'évolution d'une personnalité, résultant d'une série de transformations commencées dès le plus jeune âge. Le moi se construit, en effet, progressivement en émergeant d'un stade infantile (le Valet). Il se confronte ensuite au monde en menant une réflexion lui permettant d'exercer son jugement et son libre arbitre (le Cavalier). Une fois parvenu à ce stade de développement, le moi acquiert, avec le Roi, la maîtrise de sa conscience individuelle. Il est alors en mesure d'exercer pleinement sa souveraineté de manière responsable en faisant usage du *logos*, c'est-à-dire du langage comme moyen d'expression d'une pensée structurée, qui est l'apanage de son moi conscient réalisé.

Parvenu à ce stade, le Roi peut alors s'unir avec la Reine et élargir sa conscience rationnelle en intégrant les dispositions émotionnelles qu'elle incarne. Celles-ci trouvent leur source dans l'inconscient auquel le cœur accède intuitivement grâce à l'intuition, aux ressentis et aux rêves. L'union avec la Reine permet au Roi d'accéder au domaine de l'intime et du subjectif qui participe de la vie intérieure de l'*éros* à laquelle elle l'initie. Mais cette union permet aussi à la Reine d'accéder au *logos* du Roi et d'amener à la conscience ses ressentis et ses affects les plus intimes, sans risquer d'être submergée par les contenus de son inconscient qui peuvent la déconnecter du réel et l'empêcher de jouer pleinement son rôle de Reine.

Dans sa polarité négative, le principe féminin possède un versant ombre qui participe du pouvoir de l'inconscient. Chez les grandes déesses, il se manifeste par le fait qu'elles sont aussi des déesses de la Mort. Dans l'archétype de La Lune (XVIII), il correspond aux déferlements émotionnels, mais aussi aux envoûtements et sortilèges dont elle est le symbole.

Les quatre couples des mineurs incarnent donc, chacun, un des pôles de la psyché. Loin de s'opposer ou d'entrer en rivalité, ils sont indissociables les uns des autres, car ensemble ils représentent une seule et même conscience réalisant l'union de tous les aspects rationnels et intuitifs, actifs et passifs, extravertis et introvertis d'une personnalité, dans la tonalité propre à leur couleur, pour réaliser l'instance supérieure du Soi.

La famille royale constitue ainsi une structure dynamique mettant en scène le processus d'évolution d'un moi en quête de son accomplissement. Chaque figure y incarne un archétype réalisé sous sa forme la plus élevée, tout en entretenant avec les autres membres de la famille royale des relations déterminées par son âge, son sexe et sa position sociale.

Les Valets

Les Valets sont les figures les plus jeunes de la famille royale.

Ils se répartissent en deux catégories : deux d'entre eux sont armés d'un gourdin ou d'une épée (les Valets de Bâton et d'Épée), les deux autres ne portent pas d'arme (les Valets de Coupe et de Deniers). En se référant à la société féodale, on peut considérer les premiers comme des fantassins, c'est-à-dire des soldats se battant à pied, sans chevaux. Les deux autres pourraient être des écuyers, dont la fonction consistait à s'occuper de l'équipement et du cheval du chevalier qu'ils servaient. Certains restaient fantassins ou écuyers toute leur vie, d'autres, après plusieurs années de service, pouvaient être adoubés chevaliers.

Cependant, qu'ils soient fantassins ou écuyers, les Valets ont en commun d'être situés en bas de la hiérarchie sociale médiévale (en regard des autres membres de la famille royale). Ils sont dans une situation subalterne qui ne leur permet de prendre aucune initiative. Ce sont des exécutants habitués à obéir. De plus, leur jeunesse laisse supposer qu'ils ont peu d'expérience. Elle permet de les rapprocher du premier arcane majeur, Le Bateleur (I), qui symbolise l'archétype de l'enfant du tarot dont les Valets sont de nouvelles représentations, au niveau des mineurs.

Les Valets sont des archétypes masculins qui occupent une place particulière dans la famille royale. Peu sûrs d'eux, ils incarnent une énergie d'action encore inexpérimentée, mais prête à s'affirmer en grandissant. Il leur faut, pour cela, sortir de leur position de simples exécutants et acquérir davantage d'autonomie et de maîtrise de leur vie.

Dans un tirage

En tant qu'archétypes de l'enfant, les Valets représentent le début d'un processus individuel de développement personnel. Ils incarnent la capacité d'hésiter, de douter et de se tromper avant de trouver sa voie. Il leur faut cependant grandir. Ils doivent dépasser l'état de dépendance et d'incertitude dans lequel ils se trouvent, nommer leurs peurs et définir des objectifs à atteindre pour pouvoir progresser et se réaliser.

Selon leur couleur, ces objectifs seront orientés :

- vers l'action, pour le Valet de Bâton ;
- vers une cause, un projet ou un idéal élevé, pour le Valet d'Épée ;
- vers l'amour, sous toutes ses formes, pour le Valet de Coupe ;
- vers la prise de responsabilité, pour le Valet de Deniers, qui occupe pleinement la place qui est la sienne.

Les Cavaliers

Dans le tarot, qui garde en mémoire ses origines italiennes, les chevaliers sont désignés sous le nom de Cavaliers (de l'italien *cavalieri*). Au Moyen Âge, ils représentaient une élite. Souvent nobles, ils devaient impérativement savoir maîtriser le maniement des armes, des chevaux, et aussi connaître l'art de la chasse, considéré comme un art chevaleresque. Ils devaient posséder des qualités physiques et morales (courage, force, combativité, esprit d'aventure). Ils obéissaient, en outre, à une éthique et un code d'honneur stricts dans les combats. Au moment de leur adoubement, ils devaient prêter serment de fidélité et de loyauté à leur suzerain, dont ils constituaient la force de combat. Ils s'engageaient, aussi, à mettre leur épée au service d'un idéal de justice.

À partir du XIIe siècle, sous l'influence de l'idéal courtois de *la fin'amor*, ce service au suzerain se doubla du service à la dame. En mettant leur force et leur courage au service du couple royal (et non plus uniquement au service du roi), les chevaliers se mettaient au service d'un principe féminin qui incarne l'amour. Ils franchissaient, ainsi, le premier degré de la voie qui conduit à la forme la plus élevée de l'amour qui est, dans le tarot, l'amour divin.

Le roman de Chrétien de Troyes, *Lancelot ou Le Chevalier de la charrette*, écrit au XIIe siècle, dépeint la forme la plus accomplie de l'amour qu'un chevalier courtois peut porter à sa dame. Lancelot est le meilleur des chevaliers, et il s'éprend de la reine Guenièvre, sa suzeraine. Par amour pour elle, il subit le déshonneur de monter dans la « charrette de l'infamie » sans recevoir, en échange, la moindre compensation, puisque la relation qu'il entretient avec elle reste platonique.

Cette référence à la chevalerie médiévale permet de comprendre la fonction des Cavaliers dans les mineurs. Grâce au service qu'ils doivent au Roi, ils incarnent des valeurs de courage, de combats et d'exploits. Simultanément, le service dû à la Reine leur permet d'éviter une identification exclusive à ces valeurs guerrières. Il leur permet de s'ouvrir à l'aspect émotionnel du sensible et de l'intuition qu'elles incarnent (et que chaque homme porte en lui, quand bien même il n'en a pas conscience).

Au plan symbolique, le fait de posséder un cheval rapproche les Cavaliers de la figure mythique du centaure (mi-homme, mi-cheval) dont le buste symbolise l'humanité consciente, et la partie basse du corps, sa nature sauvage et instinctive. Comme lui, ils possèdent une double nature. Ils doivent apprendre à canaliser leurs passions et la brutalité de leurs pulsions (comme ils maîtrisent leur cheval), tout en mettant leur force et leur combativité au service d'un idéal élevé en faisant usage de leur intelligence et de leur cœur (qui correspondent à la partie haute du corps du centaure).

La notion de service qu'ils doivent au couple royal, à la justice et à Dieu leur permet d'incarner cet idéal. Il implique une attitude intérieure faite de courage, de vertus, de loyauté et d'obéissance absolue, dans laquelle ils mettent toutes leurs forces et leur énergie, et pour laquelle ils sont prêts à mourir. Ils diffèrent en cela des mercenaires, car ils agissent non pour un salaire, mais pour répondre aux aspirations de leur cœur et pour la réalisation de leur être intérieur. Grâce à cet idéal, ils accèdent au domaine de l'intériorité et du spirituel.

Les Cavaliers incarnent l'impulsion d'une conscience qui tend à se dépasser vers un objectif supérieur. Cependant, compte tenu de leur âge et de leur position dans la hiérarchie de la famille royale, ils ne peuvent pas encore prétendre à la pleine maîtrise de leur moi conscient, car il est encore en construction. Seuls les Rois y parviennent. La fonction des Cavaliers est d'initier cette quête à travers les notions de service et d'engagement mis au service de l'énergie de leur blason (Bâton, Épée, Coupe, Deniers).

Dans un tirage

Les Cavaliers incarnent l'effort de celles et ceux qui cherchent à répondre à l'aspiration de leur cœur en se détachant des pulsions, des passions et de l'ego.

Ils invitent à se demander au service de quel pouvoir mettre son énergie, en accord avec ses intentions les plus élevées.

- Le Cavalier de Bâton invite à se mettre au service d'un projet innovant et créatif.
- Le Cavalier d'Épée invite à se mettre au service d'un engagement ou d'une cause à la hauteur de ses aspirations.
- Le Cavalier de Coupe invite à se mettre au service d'un amour altruiste et désintéressé.
- Le Cavalier de Deniers invite à se mettre au service de réalisations concrètes, équilibrées et responsables.

Les Reines

Les Reines sont les seules figures féminines de la famille royale. Elles incarnent le pôle émotionnel et inconscient de la psyché. Leurs fonctions diffèrent selon qu'elles sont en position d'épouse ou de suzeraine.

En tant qu'épouses, les Reines sont dans une position proche de celle qu'occupe l'arcane majeur de L'Impératrice (III). Elles conseillent leur Roi et l'aident à exercer leur souveraineté avec sagesse. En tant que Reines, elles ne disposent pas du pouvoir de décision et d'action qui incombe aux Rois. Leur fonction symbolique est de contribuer, par leur présence et leurs conseils, à la bonne gouvernance du royaume. Elles sont, de ce fait, dans un rapport de complémentarité avec leur Roi.

En revanche, en tant que suzeraines, les Reines sont dans une position hiérarchique supérieure aux Cavaliers. Elles entretiennent avec eux des relations différentes de celles qu'elles ont avec leur Roi. Dans la mesure où les Cavaliers incarnent un moi masculin en cours de construction, les relations que les Reines établissent avec eux et s'apparentent à la relation d'autorité morale que La Papesse (II) établit avec Le Bateleur (I) dans les majeurs. Comme elle, les Reines jouent un rôle de guide et d'initiatrice. Elles enrichissent de leur sensibilité la force brute des Cavaliers tournée vers les combats, la chasse et les tournois. Elles leur montrent la voie de l'intériorité et de l'amour.

Dans les deux cas, qu'elles soient épouses ou suzeraines, les Reines incarnent un principe féminin bienveillant dont la finalité est de permettre aux Rois et aux Cavaliers (qui représentent les pôles actifs et extravertis de la personnalité) de s'ouvrir aux dispositions émotionnelles qu'elles manifestent. Les Reines proposent une voie d'éveil intérieur qui est celle de l'être, à la fois différente et complémentaire de la voie active du faire. Elles mettent en œuvre une « éthique de la sollicitude », expression souvent utilisée pour évoquer la notion, relativement récente en France, du mot anglais, *care* qu'on pourrait traduire par « prendre soin des plus vulnérables ». C'est un concept qui trouve son origine aux États-Unis dans les travaux de Carol Gilligan (*Une voix différente : Pour une éthique du care*, Champs Essai, 2010).

La fonction des Reines participe à la fois de l'aide, de l'empathie et du conseil.

Dans un tirage

Les Reines incarnent un principe féminin *yin* dont les attributs sont la sensibilité, l'intuition et les ressentis sensoriels. Ce sont à la fois des conseillères qui aident de manière bienveillante, mais aussi des inspiratrices qui invitent à se mettre à l'écoute de ses intuitions et de ses ressentis et à leur faire confiance.

Elles ne sont, cependant, pas purement réceptives. Pour régner, elles ont besoin de relier leur conscience intérieure à une expérience consciente qui s'actualise dans le concret. Elles y parviennent en utilisant les qualités et l'énergie de leur couleur :

- La Reine de Bâton, associée au Feu, invite à mettre en œuvre des projets innovants et créatifs.
- La Reine d'Épée, associée à l'Air, invite à faire usage de sa raison et de son discernement.
- La Reine de Coupe, associée à l'Eau, initie au domaine des sentiments et à l'amour.
- La Reine de Deniers, associée à la Terre, invite à concrétiser ses projets en les enracinant dans la matière.

Les Rois

Observons, pour commencer, que les quatre Rois des mineurs sont chacun assis sur un trône et que trois d'entre eux portent une couronne, signe de leur souveraineté – sauf le Roi de Deniers, qui porte un chapeau.

Les Rois de Bâton et d'Épée incarnent les qualités des éléments Feu et Air. Ils sont jeunes, actifs et tournés vers l'action. Les Rois de Coupe et de Deniers, associés à l'Eau et la Terre, ne portent pas de sceptre. Ils semblent avoir renoncé aux attributs de leur pouvoir, qu'ils ont délégué aux Reines (la Reine de Coupe tient une épée, et celle de Deniers, un sceptre). Ils ont tous les deux une barbe et des cheveux blancs qui laissent supposer que, compte tenu de leur âge, ils sont moins tournés vers l'action que les jeunes Rois de Bâton et d'Épée. En revanche, ils ont plus d'expérience et de sagesse.

Du fait de leur fonction, les Rois incarnent la pleine souveraineté de leur moi conscient, faisant usage de leur libre arbitre pour agir sur le monde en exerçant leur maîtrise sur le domaine défini par couleur (action, pensée, sentiment ou matière). Ils participent d'une conscience claire, extérieure et stable. Ils disposent de la compréhension objective du monde. Ils incarnent le pouvoir et l'autorité qui relèvent du vécu conscient. Leur action se manifeste par des effets concrets, mesurables et immédiatement visibles, à travers la prospérité (ou le délabrement) de leur royaume, dont ils sont le garant.

La corrélation étroite qui existe entre l'aptitude à gouverner du roi et la prospérité du royaume est figurée, dans la légende arthurienne, par l'histoire du roi Pêcheur qui, à la suite d'une blessure, est dans l'incapacité de gouverner son royaume et cause ainsi sa ruine (Chrétien de Troyes, *Perceval ou Le Conte du Graal*, Nizet, 1970).

Les Rois sont des archétypes masculins, *yang*, actifs et réalisés. Il participe de la voie du faire, en prise sur le monde.

Dans un tirage

Les attributs des Rois sont le pouvoir et l'autorité. Ils possèdent au plus haut point les qualités de leur couleur qui détermine le domaine sur lequel s'exerce leur souveraineté :

- Le Roi de Bâton agit sur le monde grâce à l'autorité et la créativité du Bâton.
- Le Roi d'Épée a lui aussi la capacité d'agir sur le monde. Grâce à sa maîtrise du mental et son discernement, il donne à son action une direction allant au-delà de l'impulsion du moment.
- Le Roi de Coupe symbolise la maîtrise du cœur et des sentiments dénués de toute possessivité et jalousie.
- Le Roi de Deniers exerce sa maîtrise sur la santé et les domaines matériels (travail, argent, environnement).

3. Les arcanes numérotés : de l'as au dix

Avec les dix arcanes numérotés, le tarot change de système de référence. Jusque-là, tous les arcanes rencontrés dans les majeurs et les mineurs mettaient en scène des personnages à visages humains, certains de haut rang (Empereur/Impératrice, Pape/Papesse, Rois/Reines), d'autres d'origine sociale plus humble (Le Bateleur, L'Hermite, Le Pendu, Le Fou, les Cavaliers et les Valets). On y trouve aussi des allégories (La Mort, La Maison Dieu, La Roue de Fortune), des vertus (La Justice, La Force, Tempérance), ou encore des astres (La Lune, Le Soleil, L'Étoile).

Avec les arcanes numérotés, nous quittons le domaine de la représentation pour celui de l'abstraction basée sur la valeur symbolique des nombres. Le graphisme change, lui aussi. Il se simplifie. Il correspond à une déclinaison des quatre objets représentant les quatre couleurs, dont le nombre correspond au chiffre indiqué sur l'arcane. À ces symboles sont associés quelques éléments décoratifs en lien avec l'élément de la couleur (petites flammes pour le Feu des Bâtons, oriflammes pour l'Air des Épées, ondulations et gouttes pour l'Eau des Coupes et plantes pour l'élément Terre des Deniers). Ces éléments discrets suggèrent que la signification des arcanes numérotés dépend davantage de la symbolique des nombres que de leur iconographie (bien qu'elle soit aussi à prendre en compte).

L'interprétation d'un arcane numéroté dépend en premier lieu de la valeur symbolique de son nombre, mais il faut tenir compte aussi de sa couleur qui lui donne une tonalité spécifique et précise son domaine d'application.

Introduction à la symbolique des nombres

En 580 av. J.-C., le philosophe grec Pythagore considérait que *tout est nombre*. Selon ses théories, les nombres forment la structure intelligible du monde. Ils en constituent le principe premier. Ils permettent de saisir la nature véritable de l'univers. Platon, quant à lui, les considérait comme des modèles éternels, des « Idées ». Plus proche de nous, le fondateur de la psychologie analytique, C. G. Jung, estime qu'ils sont des structures archétypales *préconscientes de nos processus mentaux*, ainsi que les définit sa collaboratrice Marie-Louise von Franz dans *Nombre et Temps : Psychologie des profondeurs et physique moderne* (La Fontaine de Pierre, 2012).

Indépendamment de leur fonction de calcul, les nombres étaient considérés, dans de nombreuses traditions, comme porteurs de sens. C'est le cas de l'astrologie, qui apparaît en Mésopotamie plusieurs siècles avant notre ère. Elle accorde la plus grande importance à la symbolique des nombres dans la cartographie qu'elle établit du ciel. Il en va de même dans la tradition divinatoire chinoise des soixante-quatre hexagrammes du *Yi King*. C'est encore le cas dans la représentation symbolique de l'Arbre de vie, élaborée par la tradition hébraïque de la Kabbale. Il dessine une figure constituée de dix séphirot, ou archétypes de l'énergie divine, reliés les uns aux autres par vingt-deux sentiers ou chemins de sagesse.

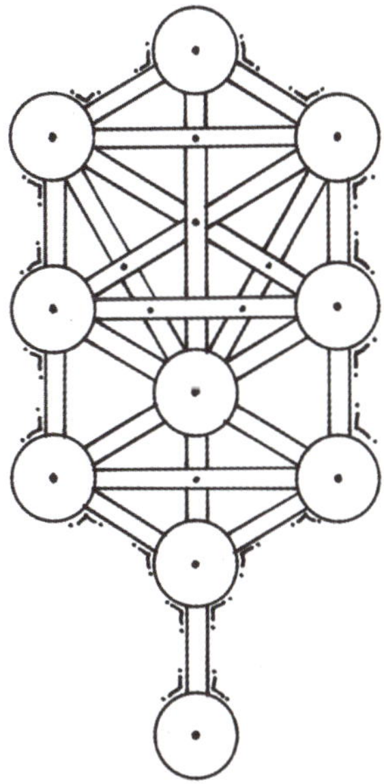

L'Arbre de vie de la Kabbale

On ne peut qu'être frappé·e par les similitudes qui existent entre l'Arbre de vie et le tarot, basé lui aussi sur les nombres *dix* (les dix arcanes numérotés) et *vingt-deux* (les vingt-deux arcanes majeurs). Les maîtres cartiers qui ont conçu le tarot étaient, sans nul doute, versés dans la science des nombres, ou numérologie – qui fut longtemps appelée « arithmologie », du nom de la discipline médiévale qui étudiait les nombres dans une perspective symbolique. Ils ont fait le choix d'y recourir pour transmettre des connaissances ésotériques grâce au langage secret des nombres.

Pendant longtemps, ces connaissances ésotériques se sont transmises de façon secrète, à travers un langage réservé aux seul·e·s initié·e·s. Aujourd'hui, elles sont accessibles, par d'autres voies, à un public plus large. Mais les motivations qui poussent à s'engager dans une voie de connaissance basée sur les symboles restent inchangées. Elles sont indissociables d'une quête de sens qui s'intéresse à la nature intime de la réalité que nous percevons.

En tant que langage symbolique, les nombres y contribuent, à condition d'accepter de les considérer comme des énergies porteuses de vibrations susceptibles de nous aider à nous orienter dans notre vie, au-delà de leur valeur numérique. C'est ce à quoi nous invitent les quarante arcanes numérotés du tarot. Ils constituent une voie de connaissance cherchant à pénétrer ce qui mue l'être humain tout en considérant les interactions constantes qu'il entretient avec son environnement.

Le un (l'as)

L'as est l'arcane du tarot qui correspond au nombre un. Il symbolise l'essence de sa couleur, élevée à son plus haut niveau de réalisation.

Le nombre un est le premier des nombres. C'est un nombre impair. Il représente la monade, c'est-à-dire le principe essentiel et indivisible d'où tout découle. Il indique un début, un commencement. Il porte en lui tous les processus de croissance et d'accomplissement des réalisations futures.

Dans le tarot, il correspond à l'arcane majeur du Bateleur (I), porteur de tous les possibles.

Le deux

Le nombre deux symbolise la dualité et la division (pour percevoir la lumière, il faut de l'ombre). C'est un nombre pair. Il porte en lui, en devenir, la totalité du monde manifesté. C'est un principe à la fois opposé et complémentaire du nombre un. Ce sont tous les deux des nombres qui ne sont pas encore actifs.

Le deux est associé à la gestation, la germination, la grossesse. Dans le tarot, il correspond à l'arcane majeur de La Papesse (II) comme à un temps de maturation et d'intériorisation nécessaire.

Le trois

Le nombre trois correspond à l'énergie qui se met en mouvement. Il symbolise un début prometteur ou un commencement enthousiaste. C'est une énergie très puissante qu'il est parfois nécessaire de canaliser pour pouvoir en bénéficier.

Dans le tarot, le trois correspond à l'arcane majeur de L'Impératrice (III), symbole de renouveau, qui initie des projets innovants.

Le quatre

Le nombre quatre met un terme à l'énergie expansive du trois. Il est le nombre de la stabilité, des structures, de l'équilibre et de la rationalité. Le nombre quatre est ancré dans la matière. Il représente le monde manifesté. Il est symbolisé par le carré. Mais il peut aussi être enfermant.

Dans le tarot, le quatre correspond à l'arcane majeur de L'Empereur (IIII), l'arcane des réalisations concrètes et des constructions solides et durables.

Le cinq

Le nombre cinq symbolise l'élément inattendu qui ouvre des perspectives nouvelles. Il permet de dépasser les limites fixées par le quatre. Il est porteur de renouveau. C'est le nombre de la liberté et de l'humain. Il représente une sorte de joker qui apporte l'imprévu.

Dans le tarot, le cinq correspond à l'arcane majeur du Pape (V) qui fait le pont entre le matériel et le spirituel.

Le six

Le nombre six est le nombre de Vénus. Il symbolise les relations affectives, l'harmonie, la beauté, l'art ainsi que toutes les formes de jouissances, aussi bien esthétiques que sexuelles (étymologiquement, *six* dérive de *sexe*). C'est aussi le nombre du choix et de l'engagement.

Dans le tarot, le six correspond à l'arcane majeur de L'Amoureux (VI) en quête d'amour, d'harmonie et de beauté, auxquels il choisit de consacrer sa vie.

Le sept

Le nombre sept suggère une totalité accomplie (les sept jours de la semaine, les sept notes de musique, les sept péchés capitaux...) Dans la Bible, le septième jour est celui du repos. Une année sabbatique est une année d'arrêt du cycle des cultures, elle a lieu tous les sept ans pour permettre à la terre de se régénérer. Le nombre sept invite à s'intérioriser, une fois l'action accomplie, pour se ressourcer dans le silence intérieur.

Dans le tarot, le sept correspond à l'arcane majeur du Chariot (VII), arcane de réussite qui incite à trouver un sens à son action.

Le huit

Le nombre huit est le nombre de la perfection accomplie. C'est un nombre de croissance et de réalisation. Il concrétise ce qu'on a semé. Dans de nombreuses cultures, c'est un symbole de prospérité et d'abondance. En mathématique, l'infini est représenté par un huit couché (appelé « lemniscate »). Il représente un flux énergétique qui ne s'arrête jamais.

Huit fait le lien entre le matériel et le spirituel grâce à un mouvement dynamique qui transforme les apprentissages et les enseignements reçus en connaissance et sagesse. C'est un symbole de régénération inscrit au cœur de nos cellules, dans notre ADN, dont la structure représente la lemniscate, sous la forme de deux hélices entrelacées.

Dans le tarot, le huit correspond à l'arcane majeur de La Justice (VIII), dont l'action contribue à maintenir l'équilibre et l'harmonie du monde.

Le neuf

Le nombre neuf est le dernier nombre des unités. Il indique qu'un cycle se termine (une grossesse dure neuf mois). Il invite à faire le deuil de ce qui est en train de s'achever. Il correspond à un temps de bilan, de remise en question et d'intégration des expériences vécues pour que l'ancien disparaisse et qu'un nouveau cycle puisse commencer.

Dans le tarot, il correspond à l'arcane majeur de L'Hermite (VIIII) qui initie une période de crise salutaire et nécessaire, avec la promesse d'un renouveau.

Le dix

Le nombre dix indique qu'un nouveau cycle commence (au niveau des dizaines), après l'achèvement du cycle précédent. En numérologie, *dix* se réduit à *un*, le nombre des commencements : 10 = 1 + 0 = 1. Dix est un nombre de transition qui relance le mouvement, après l'arrêt induit par la crise du neuf.

Dans le tarot, il correspond à l'arcane majeur de La Roue de Fortune (X) qui indique qu'un changement est en train de se produire.

4. L'interprétation des mineurs, arcane par arcane

On utilise habituellement les mineurs pour préciser les informations données par les arcanes majeurs, mais on peut aussi les utiliser pour eux-mêmes et ainsi connaître le type d'énergie dont on a besoin dans une situation donnée, en fonction de leur couleur et de leur valeur.

Les figures de cour sont à interpréter comme des aspects de la personnalité qui demandent à être entendus, amenés à la conscience et reconnus. Il arrive parfois, en fonction de leur couleur, de leur âge, de leur sexe ainsi que de l'endroit où elles sont situées dans un jeu, que les figures royales puissent représenter des personnes jouant un rôle dans la vie du ou de la consultante (un père, une épouse, un frère ou une fille, ou encore un patron, une thérapeute...). Elles sont alors des supports de projection contribuant à conscientiser ce qui est en jeu dans la relation.

L'interprétation des arcanes numérotés relève, quant à elle, de la symbolique des nombres comme de la prise en compte de leur couleur, qui donne des informations sur le domaine concerné par l'arcane en fonction de l'élément auquel il est associé. La connaissance de la valeur symbolique des nombres est le préalable nécessaire à leur interprétation.

D'une manière générale, chaque arcane est relié aux autres arcanes de sa couleur. Ensemble, ils participent d'un même processus dynamique d'évolution. Ils tendent vers la maîtrise de leur couleur et représentent les différentes étapes du cheminement intérieur qui permet d'y parvenir.

Les arcanes de Bâton

Les quatorze arcanes de Bâton sont au service de leur couleur, symboliquement associée à l'élément Feu. Sur le plan psychologique, le Bâton représente l'élan vital, la créativité et l'action, mais aussi l'enthousiasme et la foi. Il symbolise une force d'extraversion, active, émettrice et fécondante, point de départ de toute évolution. Le défi auquel sont confrontés les arcanes de Bâton consiste à acquérir la maîtrise de l'énergie du Feu qui leur est associée.

1. Les figures de cours ou honneurs

Le Roi de Bâton

Il exerce la pleine maîtrise de sa couleur. C'est un roi en majesté, en tenue d'apparat, assis sur un trône qui possède les attributs du pouvoir absolu : la couronne et le sceptre. C'est un symbole de réussite et de succès, en prise sur le monde, proche de l'arcane majeur de l'Empereur (IIII), mais en moins matériel grâce à la créativité du Bâton.

Le Roi de Bâton invite à prendre conscience du pouvoir dont chacun dispose sur sa propre vie et à en faire usage avec responsabilité, en posant des actes bénéfiques pour soi et les autres. Avec le risque (qu'il partage avec tous les Bâtons) d'agir impulsivement et sans but.

La Reine de Bâton

Elle incarne une femme de pouvoir, comme l'arcane majeur de L'Impératrice (III) avec laquelle elle a plusieurs points communs : la couronne, le trône et le bâton/sceptre/phallus. L'enthousiasme, la confiance en soi, la spontanéité, l'optimisme et le charisme sont des qualités qu'il lui faut développer.

La Reine de Bâton invite à manifester sa créativité et à sortir de la routine grâce à des projets innovants. Elle doit cependant prendre garde à ne pas céder aux défauts de sa couleur, que sont l'autoritarisme et l'impulsivité.

Le Cavalier de Bâton

Le bâton du Cavalier est une arme assez primitive et mal dégrossie. Elle contraste avec le reste de son costume qui évoque davantage celui d'un courtisan que celui d'un guerrier. Il porte une armure d'apparat, des bas ornés de fleurs et un large chapeau à la place d'un casque. Son cheval semble, comme lui, équipé pour la parade. Il est, en outre, dépourvu de rênes, comme s'il laissait libre cours à ses pulsions. Le risque que court le Cavalier de Bâton est de rester un simple courtisan, prisonnier du paraître. Pour l'éviter, il lui faut dépasser les apparences, acquérir la pleine maîtrise de sa monture et mettre l'énergie et la force de son Bâton au service d'un but ou d'un idéal créatif et innovant.

Le Valet de Bâton

Sa jeunesse représente une énergie prête à être utilisée, mais encore inexpérimentée. Aussi le Valet de Bâton doit-il dépasser ses doutes et ses hésitations et aller de l'avant. Il doit apprendre à maîtriser l'énergie de sa couleur, à l'image de son Bâton qui ressemble à un gourdin dont il semble ne pas savoir quoi faire.

Il lui faut, pour cela, se mettre au service d'une cause ou d'une autorité légitime et éviter de tomber dans le piège de l'action pour l'action ou de céder à un besoin de reconnaissance (qu'il partage avec les autres membres de sa famille).

2. Les arcanes numérotés

L'as de Bâton

Il surgit d'une main et agit au-delà du corps. Il est riche de potentiels et porte en lui toutes les réalisations futures du Bâton. C'est une force en expansion, dressée verticalement, qui symbolise à la fois un élan créateur et une situation ouverte et riche de potentiels.

L'as est représenté par un bâton, brut, à peine élagué. Il suggère que cette force d'extraversion doit être travaillée, affinée, maîtrisée, pour que sa puissance ne devienne pas destructrice.

Le deux de Bâton

L'élan vital surgi dans l'as de Bâton s'intériorise. Il a nécessité d'accumuler des forces et des moyens – sans les utiliser – pour préparer une action ou une réalisation future en plaçant sa confiance dans son pouvoir créateur.

Le trois de Bâton

C'est la mise en mouvement de l'énergie expansive du Bâton. Elle invite à agir en suivant son impulsion, avec enthousiasme et confiance, quelle que soit l'activité entreprise. Il peut s'agit ici de premières expériences (créatives ou sexuelles).

Le quatre de Bâton

La canalisation de l'énergie du Bâton s'exprime dans des réalisations stables et structurées. Elle invite à prendre des responsabilités et à rechercher la sécurité et la stabilité (avec un risque de routine ou d'enfermement).

Le cinq de Bâton

La liberté d'action est retrouvée. L'élan créateur canalisé dans le quatre s'expanse à nouveau. Il se manifeste par un désir de renouveau qui ouvre des perspectives nouvelles et inattendues.

Le six de Bâton

C'est une invitation à agir, à entreprendre, à innover, à laisser libre cours à sa créativité (quel que soit le domaine), avec enthousiasme, confiance et foi.

Le sept de Bâton

Cet arcane d'accomplissement et de succès invite à orienter son action vers de nouveaux objectifs à son actif pour ne pas devenir prisonnier de la réussite accomplie.

Le huit de Bâton

L'arcane huit est porteur d'une énergie très positive et transformatrice. Il correspond à une période de plénitude et de succès où on récolte les fruits de ses actions et des entreprises passées. Le nombre huit invite à la gratitude et à l'humilité.

Le neuf de Bâton

Il reflète une crise intervenant après la période d'accomplissement et de réussite induite par le nombre huit. Elle nécessite d'accepter la fin réelle ou symbolique d'un projet, d'une situation ou d'une relation de façon à intégrer et dépasser ce qui est en train de s'achever.

Le dix de Bâton

Une période de transition annonce de nouveaux projets, de nouvelles réalisations ou un renouveau d'inspiration créatrice. Il est souvent nécessaire de recouvrir cette carte pour avoir plus d'information sur le changement en cours.

Les arcanes de Coupe

La Coupe est associée à l'élément Eau. Elle est liée au cœur, siège des émotions et des sentiments positifs tels que l'amour, l'amitié, la joie, la compassion, le pardon. Mais ils peuvent aussi être négatifs : souffrance, tristesse, jalousie, colère, peur ou rancune.

Le défi de la Coupe consiste à accueillir toutes les émotions qui se présentent, y compris les plus négatives, sans débordement. Pour ce faire, il est nécessaire de les transformer grâce aux qualités d'amour et de pardon qu'elle symbolise et qui ont le pouvoir de guérir les souffrances du cœur.

1. Les figures de cours ou honneurs

Le Roi de Coupe

Il symbolise la maîtrise des émotions et la capacité d'éprouver des sentiments d'amour dénués de toute possessivité ou jalousie. Comme l'arcane majeur du Pape (V), il incarne l'altruisme et la générosité. Mais, à la différence de ce dernier, il a renoncé au sceptre, symbole de son pouvoir. Il laisse sa coupe ouverte, à l'image de son cœur, ouvert lui aussi, plein de bonté et de bienveillance.

La Reine de Coupe

Elle initie au domaine des sentiments et à l'amour inconditionnel tout en invitant à ne pas céder aux élans du cœur sans utiliser son discernement (comme suggère de le faire l'Épée qu'elle tient dans sa main droite).

Sa sagesse, son intuition et sa bienveillance permettent de la rapprocher de l'arcane majeur de La Papesse (II). Elle invite à dépasser l'amour conditionnel et possessif pour s'ouvrir à une forme d'amour plus altruiste et universel.

La coupe fermée qu'elle tient dans sa main peut évoquer le four alchimique où s'accomplit le grand œuvre. C'est l'espace du cœur où s'effectue la transmutation des émotions négatives en sentiments de paix, d'amour et de pardon.

Le Cavalier de Coupe

Il est en quête d'amour. Mais il doit pour cela maîtriser tout ce qui est de l'ordre de la possessivité et de la jalousie, ainsi que de la pulsion sexuelle (le cheval). Il invite à se mettre au service d'un amour sincère, altruiste et désintéressé. Faute de quoi, il risque de s'égarer dans des relations qui ne peuvent lui apporter la plénitude du cœur à laquelle il aspire.

Il tient la Coupe de son cœur ouverte devant lui. Il est capable d'abnégation et d'oubli de soi. Il incarne au plus haut point l'idéal des chevaliers courtois mettant leur force et leur énergie au service de l'amour.

Le Valet de Coupe

Il n'a pas l'expérience de l'amour ou, peut-être a-t-il été blessé par une expérience amoureuse malheureuse. Il est plein de doutes et hésite à s'engager affectivement, par crainte de souffrir. Il doit dépasser sa peur d'aimer et les blocages qui l'en empêchent pour manifester les qualités de son cœur dans des relations sincères et confiantes.

2. Les arcanes numérotés

L'as de Coupe

Il représente la capacité d'aimer, sous toutes ses formes, de l'élan amoureux jusqu'au mysticisme. Il invite à ouvrir son cœur pour permettre aux potentiels de l'as de se révéler.

Il symbolise un idéal d'amour universel et désintéressé. C'est un arcane œcuménique, loin de tous les dogmatismes liés aux religions.

Le deux de Coupe

Très bel arcane qui met en scène une puissante énergie de vie (symbolisée par la couleur rouge), encore contenue à l'intérieur des deux Coupes inversées qui forment une matrice. On peut aussi y voir une représentation du four alchimique où s'accomplissent les opérations de transformation du plomb en or. Dans tous les cas, le deux de Coupe indique un temps de latence où l'énergie de l'amour s'accumule sans être encore manifestée.

L'arcane reflète un potentiel d'amour qui ne s'actualise pas. Il représente une capacité d'aimer encore inemployée.

Le trois de Coupe

L'énergie de l'amour se met en mouvement. Elle annonce de nouvelles rencontres, un coup de foudre ou la résolution heureuse d'un problème, ainsi que la fertilité, l'exubérance, la joie retrouvée, le dénouement des tensions ou des problèmes.

Le quatre de Coupe

Sécurité affective et stabilité émotionnelle. L'arcane invite à vivre des amours reconnus, à former un couple ou une famille, à accomplir des réalisations collectives autour d'un projet altruiste. C'est l'arcane des relations sincères (avec un risque d'ennui ou d'enfermement).

Le cinq de Coupe

Un élément nouveau intervient dans la vie affective du consultant. Il annonce de nouvelles rencontres amoureuses ou amicales et des changements bénéfiques, à condition de surmonter ses peurs de l'inconnu et de l'imprévu. Le cinq de Coupe peut aussi suggérer l'incertitude amoureuse.

Le six de Coupe

Avec une rencontre amoureuse ou une réconciliation vécue dans un élan du cœur et de spontanéité, c'est l'arcane de la joie, de l'harmonie, du partage, de l'amitié, ainsi que de l'art et de la beauté. Quel que soit le domaine concerné, le six de Coupe indique qu'on se réalise en faisant ce qu'on aime.

Le sept de Coupe

Il annonce un accomplissement amoureux, avec la nécessité de dépasser une vision égoïste pour s'ouvrir à l'amour désintéressé – tourné vers la recherche d'un bonheur partagé – ou une quête de spiritualité.

L'engagement dans un projet altruiste ou humanitaire permet de se réaliser et de s'épanouir en aidant les autres.

Le huit de Coupe

Voici la plénitude de l'amour vécu dans le couple ou la famille, en relation avec les autres. L'arcane annonce la transmutation des états émotionnels négatifs vers la paix du cœur et le pardon. Il invite à vivre des amours désintéressés et inconditionnels.

Le neuf de Coupe

L'arcane annonce une crise, la fin d'un cycle émotionnel ou d'une relation. Il ne faut pas s'accrocher aux sentiments liés à ce qui est en train de s'achever. Une période d'intégration est nécessaire avant de pouvoir vivre émotionnellement autre chose.

Le dix de Coupe

L'arcane indique qu'on vit une période de changement dans le domaine des sentiments. L'ancien n'est plus, mais le nouveau n'est pas encore advenu. C'est un temps de transition. L'arcane ne donne pas d'indication sur la manière dont le nouveau cycle amoureux ou affectif va se dérouler. Aussi est-il souvent nécessaire de recouvrir l'arcane d'une autre carte pour avoir des informations plus précises.

Les arcanes d'Épée

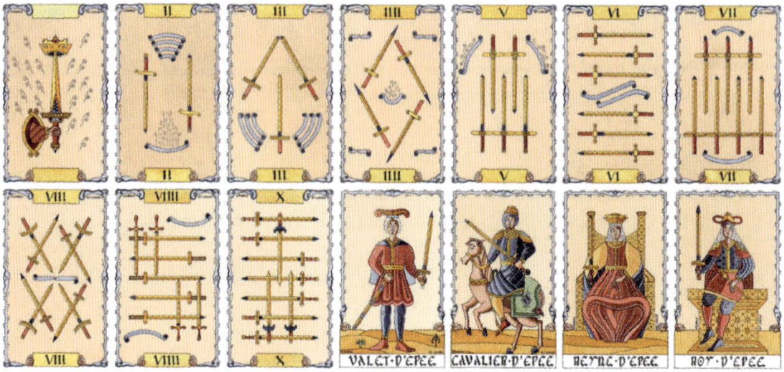

L'Épée est associée à l'élément Air qui est une énergie de mouvement et d'élévation en lien avec les pensées et le mental. C'est un symbole actif, associé au faire. Il représente la connaissance, les idées qui circulent et la parole, qui permettent de communiquer une pensée. Au niveau spirituel, l'Épée symbolise un idéal ou la foi qui invite à se fondre dans plus grand que soi. Elle invite à aller au-delà des apparences et à suivre la voie de l'esprit, c'est-à-dire à utiliser son intelligence, son esprit critique et son libre arbitre, en les mettant au service d'une aspiration qui réponde à ses aspirations les plus élevées.

Le défi auquel sont confrontés les arcanes d'Épée consiste à acquérir la maîtrise de leur mental.

1. Les figures de cours ou honneurs

Le Roi d'Épée

Il a la maîtrise de son mental et dispose de l'aptitude à aller au-delà des apparences, à raisonner et à penser «juste». Il tient un sceptre dans sa main gauche, signe de sa souveraineté. C'est un homme de pouvoir. Il porte une tenue d'apparat dont les épaulettes sont constituées d'une lune et d'un soleil. Elles évoquent celles du conducteur de l'arcane majeur du Chariot qui sont constituées de deux lunes. Le jeune Prince de l'arcane VII représente un conquérant, au sommet de sa gloire. Cependant, malgré son triomphe, il court le risque de rester otage de sa réussite. Grâce à l'énergie de son symbole, le Roi d'Épée évite cet écueil en mettant son intelligence et son discernement au service d'un idéal élevé.

La Reine d'Épée

Elle représente la voix de la conscience. Sa posture ressemble beaucoup à celle de La Justice (VIII). Elle tient, comme elle, une épée et invite à examiner une situation et à l'analyser avant de s'engager. Elle est garante de la justesse de l'action entreprise en accord avec les lois humaines et de l'univers. Elle possède une vaste sagesse à laquelle elle invite à se connecter pour en recevoir conseil et guidance.

Le Cavalier d'Épée

C'est sans doute le Cavalier le plus combatif des mineurs. Il est en pleine action (guerre ou tournoi). Son cheval est cabré et il tient son épée dressée devant lui, prêt à combattre. Il incarne une énergie conquérante qui invite à se mettre au service d'un engagement ou d'une cause à la hauteur de ses aspirations, faute de quoi le Cavalier d'Épée court le risque d'agir en obéissant à la pulsion du moment. Pour l'éviter, il lui faut se mettre à l'écoute de l'intuition et de la sensibilité qu'incarne la Reine d'Épée. Il lui faut aussi mettre son épée au service d'un projet allant au-delà de ses intérêts égoïstes et immédiats. Le Roi d'Épée peut l'aider, par son exemple, à acquérir la maîtrise de son mental et des pulsions de son cheval.

Le Valet d'Épée

Il ressemble à un écuyer en train de s'entraîner dans le maniement de l'épée. On ne sait pas très bien s'il sort l'arme de son fourreau ou s'il s'apprête à l'y remettre. En tant que Valet, il est encore inexpérimenté et doit progresser dans son apprentissage du maniement de l'épée. Pour cela, il lui faut utiliser son intelligence et son discernement pour acquérir des connaissances et mettre son énergie au service d'un idéal élevé pour grandir. Il lui faut aussi dépasser ses doutes et ses hésitations, en veillant à ne pas retarder le moment de l'action pour accumuler des connaissances inutiles ou se perdre dans des considérations mentales stériles.

2. Les arcanes numérotés

L'as d'Épée

Il est proche de l'as de Bâton. C'est une extension de la main. L'épée, pointée vers le haut, induit une symbolique d'élévation et de spiritualisation. Elle permet la connexion avec un idéal supérieur (ou le divin). De plus, l'Épée va en s'affinant.

Elle devient de plus en plus pénétrante, à l'image de l'esprit qui perce les secrets de l'univers grâce à la connaissance. L'Épée représentée sur l'as va au-delà du mental ou de la capacité de raisonner. Elle invite à fixer une orientation préalable à son action.

Le deux d'Épée

Il concerne la préparation d'un projet tourné vers une connaissance restée au niveau du mental. Il nécessite encore un temps de maturation et de gestation pour être mené à bien. Le deux d'Épée peut suggérer l'hésitation ou le doute sur une action à mener. Dans tous les cas, il est nécessaire de laisser mûrir le projet.

Le trois d'Épée

L'arcane est associé à une mise en mouvement de l'énergie de l'Épée. Elle suggère un intellect actif et enthousiaste (avec une tonalité adolescente), mis au service d'un désir d'évolution : nouveaux projets, reprise d'études, travail sur soi. Il y a nécessité de s'exprimer et de prendre la parole pour donner son point de vue.

Le quatre d'Épée

Il représente la réflexion constructive, la maturité intellectuelle, la réalisation conceptuelle, l'élaboration d'une idéologie (avec un risque d'enfermement dans un système de pensée).

Le cinq d'Épée

C'est un nouveau point de vue qui s'accompagne d'une liberté de pensée permettant de remettre en question une vision consensuelle ou conformiste pour définir ses propres orientations ou choix. Reprise d'études, acquisition de nouvelles connaissances, se profilent. Une invitation à dépasser le cadre du matériel se dessine.

Le six d'Épée

C'est un engagement dans une cause ou un combat au service d'un idéal de justice, ou dans des projets qui apportent des satisfactions intellectuelles ou une ouverture vers le spirituel.

Le sept d'Épée

Il y a dépassement d'une pensée analytique ou rationnelle grâce à une réflexion éthique qui précise les valeurs auxquelles on tient. C'est par excellence l'arcane de la médiation qui invite à réévaluer nos systèmes de croyances en adéquation avec notre besoin d'évolution vers une conscience plus large.

Le huit d'Épée

Paix de l'esprit, sérénité, quiétude, dépassement de toute forme de jugement, transformation de notre vision du monde et de nos croyances, nouvelles compréhensions, ouverture vers le divin, vision cosmique et désintéressée : délicieux programme...

Le neuf d'Épée

L'arcane ouvre une période de crise et de remise en question des convictions, des certitudes et des croyances sur lesquelles se fondaient nos opinions et nos jugements. Elle prépare une plus grande ouverture d'esprit ou de conscience.

Le dix d'Épée

Un changement complet de notre vision du monde et du système de pensées qui prévalaient jusque-là s'annonce. Le fait de recouvrir cette carte permet d'avoir plus d'informations sur le changement en cours et sur sa direction.

Les arcanes de Deniers

Les Deniers sont associés à la Terre. Ils parlent de notre santé, de notre mode de vie, de nos finances, de notre environnement, mais aussi de nos expériences physiques et de nos perceptions sensorielles. Ils sont le symbole de la sécurité matérielle, du bien-être, de la conservation de ce que nous avons reçu et transmettrons aux générations futures. Les Deniers invitent à sortir d'une vision matérialiste et mécanique de notre environnement en nous mettant à l'écoute des messages que nous transmet notre corps, ainsi que le corps vivant de la terre.

1. Les figures de cours ou honneurs

Le Roi de Deniers

Il exerce sa maîtrise sur la santé et le domaine matériel (travail, argent, environnement). Il ne porte ni couronne ni sceptre. Il semble avoir renoncé aux attributs traditionnels du pouvoir et de l'autorité au profit de sa Reine. Il incarne une forme de sagesse qu'il doit à son grand âge et à sa longue expérience (son symbole est tout petit, et il ne le regarde pas). Il est sur la voie du détachement matériel, comme l'arcane majeur de L'Hermite (VIIII), à la fois sage, guérisseur et initié.

La Reine de Deniers

C'est une Reine active. Elle tient son symbole dans une main et, dans l'autre, un sceptre, attribut de pouvoir. Elle invite à la concrétisation des projets matériels. Elle incarne les énergies puissantes de la Terre et sait percevoir les messages que lui transmettent son corps et son environnement (par l'intermédiaire du Denier qu'elle tient dans sa main comme une antenne parabolique). Elle représente la sécurité, l'ancrage et l'autonomie, et s'apparente en cela à l'arcane majeur de la Force (XI).

Le Cavalier de Deniers

C'est lui qui a le plus gros cheval. Il est en quête de stabilité et de sécurité matérielle. Il lui faut cependant dépasser ce plan en se reliant à l'énergie de Feu du gourdin/bâton qu'il tient dans sa main, faute de quoi il risque de s'épuiser dans la quête de biens matériels ou de jouissances toujours insuffisantes et insatisfaisantes.

Son symbole, le Denier, brille au-dessus de lui, comme un soleil. Il l'invite à se mettre à l'écoute de ses ressentis et à prendre conscience de son environnement en mettant son énergie au service de la préservation de la vie.

Le Valet de Deniers

Comme tous les Valets, il doit apprendre à maîtriser son symbole et à dépasser ses doutes. Il doit grandir et devenir autonome. Il lui faut se prendre en charge matériellement et s'interroger sur la place qu'il souhaite occuper dans le monde.

2. Les arcanes numérotés

L'as de Deniers

C'est un arcane très lumineux et vibrant. Il représente l'énergie contenue dans la matière, avec tous ses potentiels de réalisation (santé, argent, travail, maison, activité physique, territoire).

Il invite à s'enraciner dans sa base, à se nourrir de l'énergie de la Terre pour se déployer vers le ciel, comme un arbre. Il rappelle que la vie s'expérimente dans la matière, au cœur de laquelle se trouve l'étincelle du divin.

Le deux de Deniers

Le deux est un nombre pair et passif. Il suggère la nécessité de se reposer, de se régénérer, de récupérer ses forces avant d'agir ou de reporter un projet qui concerne le domaine des biens matériels (maison, travail, argent) qui a encore besoin d'être mûri.

Les deux Deniers représentés sur l'arcane sont reliés par un ruban. Celui-ci évoque le lien vital et nourricier qui nous relie à la Terre, comme un cordon ombilical.

Le trois de Deniers

C'est la mise en mouvement enthousiaste et prometteuse d'un projet dont les bases sont solides.

Le trois de Deniers indique le début d'un processus de guérison, de rétablissement, de réparation ou de concrétisation.

Le quatre de Deniers

C'est un très bel arcane, riche en symboles. Le nombre quatre est celui de la sécurité matérielle, de l'aisance et de la réussite.

La fleur, au centre de l'arcane, ressemble à un lotus inclus dans un carré entouré des quatre Deniers. Le lotus s'enracine dans la boue, alors que sa fleur s'épanouit au soleil. Son symbolisme en fait l'emblème de l'élévation spirituelle. Il permet de s'élever au-dessus de la matière (le carré qui symbolise la terre) pour atteindre le divin (le cercle formé par les Deniers). L'arcane suggère la nécessité de ne pas se laisser enfermer dans le matériel.

Le cinq de Deniers

Il existe une possibilité inattendue d'ouverture, de changement, de réorientation, de dépassement du matériel. Le cinq de Deniers est une sorte de joker. Il représente un élément inattendu, mais prometteur : guérison, rentrée d'argent imprévue, nouvelles orientations professionnelles, changement de mode ou de cadre de vie…

Le six de Deniers

C'est l'arcane de l'engagement et de la prise de responsabilité envers soi-même, sa santé, son environnement, mais aussi la planète : on se met au service de la vie et du bien-être de tous.

Le sept de Deniers

Le temps est aux réalisations matérielles respectueuses des équilibres de la nature et du vivant, à la consommation maîtrisée, à l'équilibre et l'harmonie entre le corps et l'esprit grâce à une hygiène de vie et un mode de vie respectueux de l'environnement, ou une activité corporelle permettant de se relier à son intériorité : arts martiaux, yoga, danse, randonnée et toutes les pratiques sportives qui n'ont pas pour objectif la recherche de la performance ou la compétitivité.

Le huit de Deniers

Il représente l'abondance, la prospérité matérielle, l'harmonie, l'accomplissement et la gratitude.

Le neuf de Deniers

Voici la fin d'un cycle qui nécessite de se détacher des possessions matérielles acquises au cours de la période qui s'achève. Il y a nécessité de conclure ce qui doit l'être pour permettre au nouveau d'advenir.

Le dix de Deniers

Une période de transition annonce qu'un nouveau cycle est en train de commencer. L'arcane implique des changements d'orientation de vie, d'habitation ou de profession susceptibles de concrétiser ce nouveau départ.

XXI
G.DARRAS MY.CAVERO
LE·MONDE

Conclusion

Le tarot met en jeu des systèmes symboliques complexes qui voyagent à travers les mythologies du monde, les époques et les cultures. Il est parvenu jusqu'à nous sans livrer le secret de ses origines. C'est un recueil d'images qui s'adressent à notre intuition et à notre sensibilité. Son langage symbolique permet d'aller au-delà des apparences pour se relier à la profondeur du réel et s'intérioriser. Le tarot sert de médiation entre le monde et soi.

Pendant des siècles, les enseignements qu'il véhicule étaient réservés aux seul·e·s initié·e·s. Aujourd'hui, nous avons la chance de pouvoir y avoir accès, sans passer par une longue initiation. Nous pouvons bénéficier de ses enseignements, à condition d'être prêt·e·s à remettre en question nos jugements, nos conditionnements et nos peurs.

Il nous suffit pour cela de nous détourner, pour un temps, de nos occupations quotidiennes et de nous mettre à l'écoute de notre être profond, dans un espace situé à l'intérieur de soi. Le niveau où cela se produit n'est pas celui qui requiert habituellement notre attention. Il ne participe pas d'une conscience conceptuelle. C'est une expérience intime et silencieuse. Elle nous permet de prendre conscience de notre présence au monde et de nous percevoir intensément vivant·e·s.

Le tarot ne s'adresse pas à notre cerveau rationnel et analytique. Il ne transmet pas de savoirs de type encyclopédique.

Humblement, il se présente comme un jeu de cartes. Il se pratique et se découvre progressivement, grâce à un cheminement intérieur.

Il ne faudrait pas, pour autant, le sous-estimer, car il permet de changer le regard que nous portons sur nous-mêmes et sur le monde. Il connecte la partie visible et matérielle de notre vécu à son versant invisible et immatériel. Il rappelle qu'au-delà des perceptions de notre corps physique, de nos émotions et de notre mental, nous sommes des consciences libres, en résonance avec le vivant, la beauté et l'amour qui nous entourent, pour peu que nous fassions le choix de nous mettre à l'écoute de la part la plus vibrante de notre être.

Dans le monde dévitalisé et sombre dans lequel nous vivons, le tarot est porteur d'espérance. Il contribue à réenchanter notre vie et à lui donner un sens.

Puisse chaque lecteur·rice bénéficier intimement de sa sagesse et de sa guidance !

IIII
G.DARRAS
Mme CAVERO
L'EMPEREUR

DERRIÈRE LES IMAGES

Comment et pourquoi redessiner le tarot de Marseille aujourd'hui, en 2024? Cette question m'a amené à réfléchir sur ses images, dont les origines se perdent dans le Moyen Âge (si ce n'est plus avant). Trois années durant, j'ai appris au côté du maître enlumineur Jean-Luc Leguay qu'une grille géométrique préexiste à la composition et au dessin des figures traditionnelles franciscaines. Véritable squelette de l'image, ces tracés fondent le soubassement structurel et symbolique des enluminures. Cette géométrie, dite « sacrée », est à l'œuvre dans ce jeu de tarot. Je perçois dans le travail sur les cartes du tarot de Marseille une ressemblance avec le travail de l'enlumineur·se : un texte co-existe, un mécanisme de pensée, un univers symbolique. Il s'agit alors d'œuvrer pour la lisibilité, de faire résonner des proportions plus symboliques qu'imitatives pour que la frontalité de chacun des objets et personnages entre en relation unique et directe avec nous.

Pour obtenir cette complexe simplicité, tant dans le dessin que dans la couleur, les tarots de Marseille existants (Grimaud, Jodorowsky, Conver, etc.) m'ont à la fois guidé – il était important de conserver une certaine tradition de ces images, leur structure, leur histoire – et inspiré la voie ancienne de l'enluminure mozarabe. Les *Beatus*, en plus d'être d'une grande beauté, me semblent avoir plusieurs points communs avec l'idée que je me fais du tarot de Marseille. Ces enluminures des VIII, IX et Xe siècles témoignent d'un dessin très schématisé, clair et explicite, dont le traitement chromatique et la composition détachent les figures et objets d'une lecture seulement littérale : il se passe quelque chose sous les images.

Nous avons conçu ce jeu avec la volonté de conserver la tradition picturale du tarot de Marseille tout en la nourrissant d'une esthétique et d'une puissance évocatrices inspirées par la géométrie « sacrée », symbolique, qui semble traverser les temps. Je livre ici quelques-unes des géométries (invisibles sur les cartes) qui m'ont servi à composer les cartes : carrés, triangles, étoiles, rectangles d'or (qui par ailleurs définissent le format des cartes). Ces formes sont autant de corps entremêlés qui font un support au dessin.

Une connaissance symbolique de la géométrie n'est pas nécessaire à la découverte et à l'utilisation de ce jeu de tarot : ce qui est invisible agit sur l'œil de manière invisible.

Gaël Darras

III
L'IMPERATRICE

V
LE·PAPE

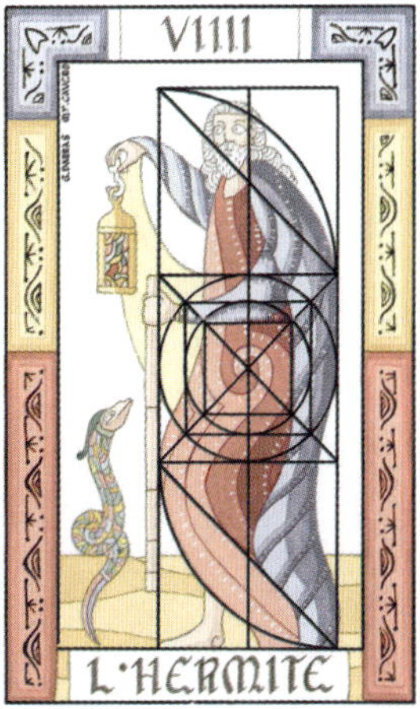
VIIII
L·HERMITE

VIII
LA·JUSTICE

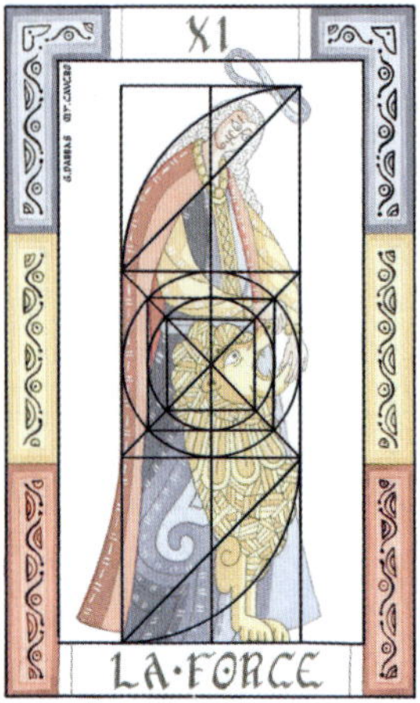
XI
LA·FORCE

XII
LE·PENDU

XVIII
LA·LUNE

XX
LE·JUGEMENT

VII
VII

VII
VII

III
III

XIIII
G.DARRAS MT.CAVERO
TEMPERANCE

À PROPOS
DES ILLUSTRATEURS ET AUTRICES

Cartes

Illustrations originales :

Gaël DARRAS est un artiste plasticien né en 1990 à Pau, vivant et travaillant dans le Lot. Il est diplômé de l'école des beaux-arts de Nantes depuis 2014. Son œuvre picturale, régulièrement exposée en France, est représentée par la galerie Robet-Dantec, installée à Nantes. En 2019, il complète sa formation en étudiant au CITIL (Centre international des traditions de l'image de lumière), une école fondée par le maître enlumineur Jean-Luc Leguay, sise au cœur du musée français de la Carte à jouer à Issy-les-Moulineaux. Il y apprend, entre autres, la géométrie symbolique – qu'il intègre dès lors à sa peinture – et développe en parallèle de celle-ci plusieurs projets d'illustration puisant directement dans ce savoir-faire ancestral hérité de la tradition franciscaine.

Maryvonne CAVERO est une artiste-peintre née en 1962 à Agen, vivant et travaillant dans les Pyrénées-Atlantiques. Elle y enseigne la technique de l'aquarelle depuis 1989, passion qu'elle a également transmise à son fils, Gaël Darras. Son œuvre picturale, à la frontière de l'abstraction, est régulièrement exposée dans le sud-ouest de la France. Elle puise son inspiration dans l'observation du végétal et du minéral pour offrir des compositions colorées à la gestuelle libérée. Elle a mis en application ses talents de coloriste pour ce tarot de Marseille, dont le dessin – entre modernisme et tradition – a été réalisé par Gaël Darras.

Livre

Textes :

Christiane ALBERT-LABORDE est née en 1950 en Algérie. Elle pratique le tarot depuis plus de quarante ans et l'a enseigné pendant plusieurs années. Parallèlement, elle a mené une carrière de maître de conférences puis de professeur des universités, d'abord en Afrique (Centrafrique et Burkina Faso) puis à l'Université de Pau et des Pays de l'Adour (UPPA). Une partie de ses recherches a porté sur les représentations symboliques à l'œuvre dans les littératures françaises et francophones. Elles l'ont conduite à s'intéresser aux différentes traditions et mythologies du monde, avec une attention particulière pour celles venues d'Inde et de Chine, en lien avec sa pratique du yoga et son intérêt pour le *Yi King*. Elles ont nourri sa connaissance de la richesse symbolique du tarot.

Rubrique « L'arcane et nous » :

Christine LALONG est née en 1963. Elle a travaillé dans le domaine de la coiffure pendant environ vingt-cinq ans tout en fondant sa famille et en élevant ses enfants. En alternance, elle s'est initiée au tarot de Marseille et à la numérologie. Suite à un burn-out, elle prend des cours de yoga et, très vite, se passionne pour cette discipline. Elle devient professeur de yoga *Sivananda* après une formation suivie dans un ashram. Au retour d'un voyage initiatique au Pérou en compagnie de don Ernesto Ortiz, chamane Lakota, elle s'initie aux annales akashiques. Magnétisme et écriture intuitive viennent compléter le tableau, avant qu'elle ne se forme à la numérologie tibétaine qui sera pour elle une révélation.

XI
G.DARRAS MT.CAVERO
LA·FORCE

Ouvrages cités (ou recommandés)

Amblard Paule, *Un pèlerinage intérieur*, Albin Michel, 2008.

Aurobindo Shrî, *La Bhagavad-Gîtâ*, Albin Michel, coll. Spiritualités vivantes, 1970.

Bellego Diane, *Masculin/Féminin : L'Initiation amoureuse*, Guy Trédaniel, 2014.

Bigé Luc,
La Force du symbolique, Dervy-Medicis, 2003.
La Voie du héros : Les Douze Travaux d'Hercule, Janus, 2010.

Bonardel Françoise,
La Voie hermétique : Introduction à la philosophie d'Hermès, Dervy Poche, 2017.
Jung et la gnose, Pierre-Guillaume De Roux, 2018.

Bourbeau Lise, *Les Cinq Blessures qui empêchent d'être soi-même*, Pocket, 2012.

Burensteinas Patrick, *De la matière à la lumière : Pierre philosophale, modèle du monde*, Le Mercure Dauphinois, 2015.

Cheng François, *Cinq Méditations sur la mort : Autrement dit sur la vie*, Albin Michel, 2013.

Colleuil Georges, *Le Référentiel de naissance*, Trajectoire, 2024.

Corneau Guy, *Victime des autres, bourreau de soi-même*, J'ai Lu, 2004.

Eliade Mircea, *Le Chamanisme et les techniques archaïques de l'extase*, Payot, 1950.

Espagnat Bernard d', *Le Réel voilé : Analyse des concepts quantiques*, Fayard, 1994.

Fulcanelli, *Le Mystère des cathédrales et l'interprétation ésotérique des symboles hermétiques du grand œuvre* (1926), Jean Schemit Libraire, Martino Publishing, 2011.

Gilligan Carol, *Une voix différente : Pour une éthique du care*, Champs Essai, 2010.

Jodorowsky Alejandro, Costa Marianne, *La Voie du tarot*, J'ai Lu, 2004.

Jung Carl Gustav,
Les Racines de la conscience, Le Livre de Poche, 1954.
Psychologie et Alchimie, Buchet-Chastel, 1970.
Types psychologiques (1921), Georg Éditeur, 1977.
Mysterium conjunctionis, Albin Michel, 1982.

Jung Emma, Franz Marie-Louise von, *La Légende du Graal*, La Fontaine de Pierre, 2017.

Hillesum Etty, *Une vie bouleversée*, Seuil, 1985.

Huguelit Laurent, *Les Huit Circuits de conscience : Chamanisme cybernétique et pouvoir créateur*, Mama Éditions, 2012.

Lacarrière Jacques, *Les Gnostiques*, Albin Michel, coll. Spiritualités vivantes, 1994.

Laszlo Ervin,
Science et champ akashique, Ariane Éditions, 2005.
L'Expérience akashique, Véga, 2007.

Lovelock James, *La terre est un être vivant : L'Hypothèse Gaïa* (1979), Flammarion, 1993.

Marchal Jean, *L'Apocalypse de Jean : Un message pour notre temps*, 1987, Albin Michel, coll. Question de.

Meadows Kenneth, *La Voie médecine*, Guy Trédaniel, 2012.

Narby Jeremy, *Le Serpent cosmique : L'ADN et les origines du savoir*, Georg Éditeur, 1995.

Ortiz Ernesto, *Les Mémoires akashiques : Accéder à la sagesse sacrée de la mémoire du monde pour se libérer et se transformer*, Véga, 2016.

Perrot Étienne, *La Voie de la transformation d'après C. G. Jung et l'alchimie*, La Fontaine de Pierre, 2000.

Rosenberg Marshall B., *Les mots sont des fenêtres : Introduction à la communication non violente*, La Découverte, 1999.

Salomon Paule, *La Femme solaire : La Fin de la guerre des sexes*, Albin Michel, 2007.

Satprem, *Sri Aurobindo ou L'Aventure de la conscience*, Buchet-Chastel, 2007.

Schott-Billmann France, *Le Féminin et l'amour de l'autre : Marie-Madeleine, avatar d'un mythe ancestral*, Odile Jacob, 2006.

Sédillot Carole, *Jeu et enjeu de la psyché : Psychologie jungienne, alchimie et images du tarot*, Dervy, 2011.

Séjournant Maud, *La Spirale initiatique : Voyage d'une chamane dans le Cercle de vie*, Albin Michel, coll. Question de, 2013.

Sheldrake Rupert, *L'Âme de la nature*, Albin Michel, coll. Espaces libres, 2001.

Souzenelle Annick de, Albrecht Pierre-Yves, *Cheminer avec l'ange*, Le Relié, 2013.

Sun Bear, Wabun Wind, *La Roue de la médecine : Une astrologie de la Terre Mère*, Albin Michel, 1989.

Thurman Robert A. F., *Le Livre tibétain des morts*, préface de sa Sainteté le Dalaï-Lama, Bartillat, 2006.

Franz Marie-Louise von,
Les Modèles archétypiques dans les contes de fées, La Fontaine de Pierre, 1999.
Nombre et Temps : Psychologie des profondeurs et physique moderne, La Fontaine de Pierre, 2012.

V
V

VI
VI

VII
VII

VIII
VIII
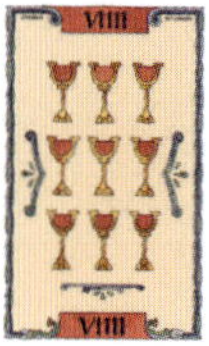
VIIII
VIIII

X
X

VALET·DE·COUPE

CAVALIER·DE·COUPE

REYNE·DE·COUPE

ROY·DE·COUPE

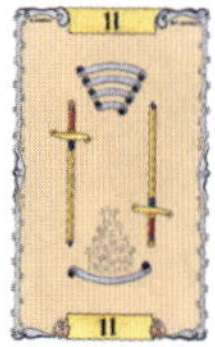
II
II
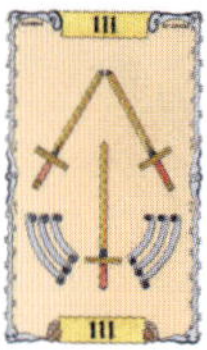
III
III

IIII
IIII
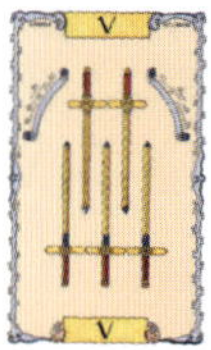
V
V
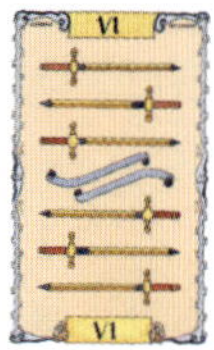
VI
VI
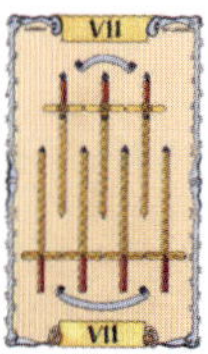
VII
VII
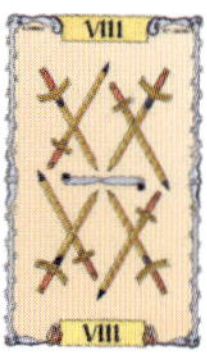
VIII
VIII
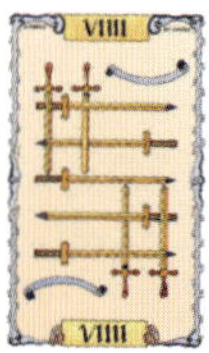
VIIII
VIIII
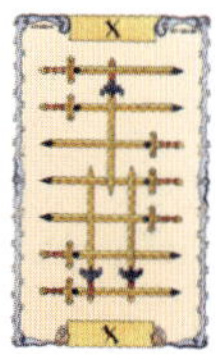
X
X

VALET·D'EPEE

CAVALIER·D'EPEE

REYNE·D'EPEE

ROY·D'EPEE

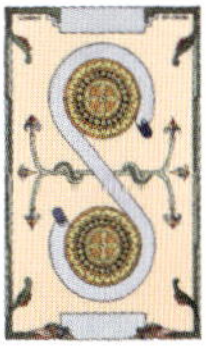

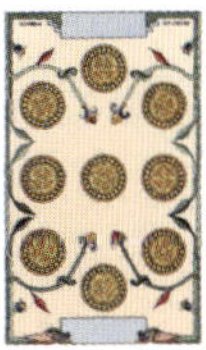

VALET·DE·DENIERS

CAVALIER·DE·DENIERS

REYNE·DE·DENIERS

ROY·DE·DENIERS

Achevé d'imprimer en Chine par Toppan Leefung

Dépôt légal : novembre 2024